Orações para Cuidadores

Dados Internacionais de Catalogação na Publicação (CIP)
(Câmara Brasileira do Livro, SP, Brasil)

Guntzelman, Joan
  Orações para cuidadores / Joan Guntzelman ; tradução Maria Elizabeth Hallak Neilson. – Petrópolis, RJ : Vozes, 2023.
  Título original: 124 prayers for caregivers.
  ISBN 978-65-5713-761-1
  1. Cuidadores – Orações e devoções I. Neilson, Maria Elizabeth Hallak. II. Título.

22-130420   CDD-242.88

Índices para catálogo sistemático:
1. Cuidadores : Orações : Cristianismo   242.88

Eliete Marques da Silva – Bibliotecária – CRB-8/9380

JOAN GUNTZELMAN

Orações para Cuidadores

Tradução de Maria Elizabeth Hallak Neilson

EDITORA
VOZES

Petrópolis

© 2002 by Liguori Publications.

Tradução realizada a partir do original em inglês intitulado *124 Prayers for Caregivers*, publicado em 2002 mediante acordo com Joan Guntzelman por Liguori Publications, Liguori, Missouri, USA.
www.liguori.org

Direitos de publicação em língua portuguesa – Brasil.
2023, Editora Vozes Ltda.
Rua Frei Luís, 100
25689-900 Petrópolis, RJ
www.vozes.com.br
Brasil

Todos os direitos reservados. Nenhuma parte desta obra poderá ser reproduzida ou transmitida por qualquer forma e/ou quaisquer meios (eletrônico ou mecânico, incluindo fotocópia e gravação) ou arquivada em qualquer sistema ou banco de dados sem permissão escrita da editora.

CONSELHO EDITORIAL

Diretor
Gilberto Gonçalves Garcia

Editores
Aline dos Santos Carneiro
Edrian Josué Pasini
Marilac Loraine Oleniki
Welder Lancieri Marchini

Conselheiros
Elói Dionísio Piva
Francisco Morás
Ludovico Garmus
Teobaldo Heidemann
Volney J. Berkenbrock

Secretário executivo
Leonardo A.R.T. dos Santos

Editoração: Natalia Machado
Diagramação: Sheilandre Desenv. Gráfico
Revisão gráfica: Barbara Kreischer
Capa: SGDesign

ISBN 978-65-5713-761-1 (Brasil)
ISBN 978-0-7648-1017-6 (Reino Unido)

Este livro foi composto e impresso pela Editora Vozes Ltda.

*Para minha mãe,
Eleonora Pharo Guntzelman.*

Sumário

Introdução, 13

Parte I – Durante os tempos luminosos do cuidar, 21

Regozijo em cuidar, 23
Vislumbrar Deus, 24
Fazer de Deus minha morada, 25
Ouvir o cântico da vida, 26
Cuidaram de mim, 27
Sou precioso para Deus, 28
Dádiva de cuidar, 29
Seja grato pelo privilégio de cuidar, 30
Aliviar o sofrimento, 31
Deus é presença, 32
No meu ofício, encontro a Deus, 33
Mostre-me, Senhor, 34
Espírito Santo, faça de mim um instrumento, 35
Aqui e agora é a bênção, 36
Presentes de Deus, 37
Espírito, fortaleça-me na minha jornada, 38
Admiração, 39
Ter intimidade com o momento é sagrado, 40

Ame ao próximo, 41
Deus está nos detalhes, 42
Meu coração se enche de alegria, 43
A benção de cuidar, 44
Querido Deus, ajude-me a ampliar a consciência, 45
Humildade e empatia, 46
Ó Deus, ajude-me a conhecer o amor, 47
Encontrar maneiras de oferecer consolo, 48
Sou abençoado, 49
Sustente minha transformação, 50
Ó Deus, sou privilegiado, 51
Ajude-me, Senhor, a descobrir a verdadeira alegria, 52
Querido Deus, ajude-me a ser atencioso, 53
Despertar para momentos sagrados, 54
Fortaleça-me em minhas tarefas, 55
Ser núcleo de amor e bondade, 56
Vestimentas de amor, 57
Livre-me do rancor, 58
Momentos gloriosos do cuidar, 59
Cultivar o dom da graça, 60
Singularidade, 61
O toque de amor, Jesus!, 62
Deus amado, permita-me compreender minha tarefa, 63
Momentos de comunhão, 64
Pequenos e grandes momentos de amor, 65
Guie-me, Senhor!, 66
A oferta do necessário, 67
Viver o dom da vida, 68

Em comunhão com Deus, 69
Dê-me sabedoria, Senhor, 70
Ser portador da paz, 71
Cicatrizando feridas, 72
Sob a guarda de Deus, 73
Curador ferido, 74
Sinais de Deus, 75
Um dos dons do Espírito Santo é a sabedoria, 76
Bênçãos e oportunidades, 77
Promoção da vida, 78
Eu sou cuidador, 79
Acolher na gentileza, 80
Revigore-me, criador da vida, 81
Aceitar nossa própria humanidade, 82

Parte II – Durante os tempos sombrios do cuidar, 83

Jesus, seja o meu modelo em tudo o que faço, 85
Inunde-me de forças, ó Deus!, 86
Preciso de seu auxílio, Senhor!, 87
Conceda sua graça, Jesus!, 88
Amor não é seletivo, 89
O meu cuidar seja uma prece, 90
Ajude-me a irradiar amor nos meus cuidados, 91
Ajude-me a aceitar o imutável, 92
Encher de alegria, 93
Confiar na bondade e na sabedoria, 94
Sou dotado de emoção, 95
Conversar com Deus, 96

Fortaleça-me, ó Deus!, 97
Realizar da melhor maneira, 98
Perdoe-me, Deus misericordioso, 99
Em meio à angústia, que eu seja paz, 100
Que eu possa estar junto, Senhor!, 101
Desempenhar minhas tarefas na presença de Deus, 102
Transforme meus medos e preocupações, 103
Ajude-me a confiar, 104
O poder da minha responsabilidade, 105
Discernimento nas reações, 106
Transforme minha raiva em energia para fazer o bem, 107
Querido Deus, governe minhas emoções, 108
Que eu manifeste o bem, 109
Repousar no Senhor, 110
O Deus da misericórdia, 111
Deus, fortaleça minha fé, 112
Nos momentos de dor, estou aqui, 113
Que eu possa perdoar, 114
Espírito de Deus, ensine-me a aceitar e a aprender, 115
Não me deixe permanecer no erro, 116
Ver através da aparência, 117
Senhor, aceito minha vulnerabilidade, 118
Uma jornada interior ao lado de Deus, 119
Mostre-me, Senhor, as preciosidades, 120
Conduza meus passos, ó Deus!, 121
Cada um de nós carrega sua própria cruz, 122
Espírito de Deus, que eu flua como rio, 123
Que o toque das minhas mãos seja terno, 124

Conceda-me o dom da bondade, Senhor, 125
Ser corajoso, 126
Afasta-me da solidão, 127
Afasta-me do inimigo, 128
Transforme meus medos, ó Deus, 129
Senhor, faça de mim instrumento, 130
Desapegar de minha tristeza, 131
Minha força interior é real, 132
Amparo nas lágrimas, 133
A lágrima é um dom, 134
Autogratificação, 135
Ó Deus da sabedoria, que eu aprenda a lidar com a rejeição, 136
Tempo de provações, 137
Deus vivo, mostre-me como estar aberto, 138
Manter o equilíbrio, 139
Estar na serenidade de Deus, 140
Estou carregando um fardo, Senhor, 141
Quero ser um cuidador amoroso e compassivo, 142
Criatividade, reflexão e conselhos sábios, 143
Aceitar tanto a minha necessidade de descanso quanto a de cuidar, 144
Compreender meus limites, 145
Conhecer meu tempo, 146
Sou vibrante em Deus, 147
Refugiar-se na presença de Deus, 148

Agradecimentos, 149

Introdução

Cuidadores revelam-se em milhões de faces. Alguns são profissionais, que optam pelo cuidar como meio de vida. Outros são mães e pais comuns, cujos dias transcorrem repletos de cuidados mútuos e pelos filhos. Aqui estão alguns exemplos de pessoas em papéis de cuidadores:

Imersa num turbilhão de sentimentos, Jill continua a lutar contra a descrença. Nada a prevenira de que seu bebê nasceria com paralisia cerebral. Três anos depois, ainda não lhe parece possível. Às vezes a intensidade do amor por seu precioso menininho é avassaladora. Em outros momentos, o cansaço e a revolta diante da situação fazem Jill sentir-se como se não fosse capaz de encarar o filho, como se não fosse capaz de banhar, levantar, ou alimentar aquele corpinho desajeitado que se torna mais pesado a cada dia.

*

Não importa qual seja sua escolha, Frank acabará infeliz. Quarenta e dois anos ao lado de Mary haviam se passado desde o "até que a morte nos separe". No entanto, é como se estivessem "separados" agora, embora sua esposa ainda viva. O Alzheimer tomara conta da mente de Mary de tal forma que, atualmente, apenas sua aparência física continua lhe sendo familiar. Todos os dias Frank busca na esposa ao menos um único lampejo de reconhecimento, que jamais acontece. Ele se sente frustrado e até enraivecido com Mary, ao ver que ela não reage ao seu amor e cuidados. Movidos pelo desejo de tornar a vida do pai um pouco mais suave, os filhos do casal aconselham Frank a internar a esposa numa clínica de repouso, mas ele sabe que tampouco poderia suportar tal situação. De fato, sente-se aprisionado numa armadilha desesperançada.

*

Toda quinta-feira Dick atua como ministro leigo voluntário numa clínica para doentes terminais. Ele ama o que faz. No exercício de seu ministério, conhece muitas famílias que sofrem com a aproximação da morte de um ente querido. Divide suas dores e esperanças. Às vezes, Dick se sente abençoado quando as pessoas o procuram para desabafar, compartilhando confidências e preocupações. Contudo, há momentos em que se percebe esgotado e oprimido pelo sofrimento humano. É então que se pergunta se está mesmo no lugar certo.

*

A vida de Bárbara é boa. Ela considera-se abençoada por ter um marido amoroso. Ela ama os filhos. Porém, às vezes, acha que vai se descabelar se vir mais um nariz escorrendo e precisando ser limpo, ou mais uma fralda para trocar, ou mais um cesto de roupas sujas para lavar, ou outra refeição para cozinhar, ou a casa para tornar a arrumar. Cuidar de sua família é uma tarefa que nunca termina. Bárbara não consegue entender como pode amar tanto sua família e a vida que leva, a ponto de não as trocar por nada, e, no entanto, ficar tão cansada e frustrada.

Perspectiva

O fato de a medicina moderna possibilitar a sobrevivência às dificuldades do parto, às condições debilitantes e doenças graves faz com que mais e mais pessoas sejam chamadas a atuarem como cuidadores em algum momento da vida. Com frequência, as incumbências recaem no nosso colo. Às vezes nós as aceitamos prontamente e seguimos em frente. Outras vezes, reagimos com relutância e procuramos todos os tipos de motivos pelos quais não deveríamos ser nós os responsáveis pela prestação dos cuidados, mas, mesmo assim, acabamos assumindo-os. Às vezes o cuidar nos é imposto em meio à dor, angústia e revolta. Há aqueles que são cuidadores simplesmente para ganhar o seu sustento. Outros escolhem o cuidar como um ministério.

Embora esse seja um ofício que nos traz bênçãos e recompensas, quase nunca é fácil, pois em geral envolve a execução de tarefas exigentes, desagradáveis e exaustivas. Além do trabalho físico árduo, os cuidadores lidam com seres humanos não raro complexos, sempre misteriosos e às vezes indecifráveis.

Prestar cuidados costuma despertar um misto de sentimentos calorosos e gratificantes num dia e dolorosos e angustiantes no outro. No cumprimento de nossas atribuições, talvez lutemos mais com os nossos sentimentos do que com o desgaste físico. Os momentos ternos aquecem o nosso coração; entretanto, não é incomum estarmos despreparados para nos defrontarmos com a raiva, a repugnância, a culpa, a fadiga e o desespero capazes de despontar. É provável que vergonha ou culpa nos assolem quando experimentamos emoções que consideramos inadmissíveis. Em suma, cuidar tem dois lados: um luminoso e outro sombrio.

Em vez de nos julgarmos com severidade, precisamos nos lembrar de que todos os tipos de sentimentos são naturais. Aceitá-los e lhes dar atenção pode nos levar a uma nova compreensão de nós mesmos. É possível acolher nossas emoções como expressões de nossa humanidade, da grandeza e da natureza exigente de nossa missão. O serviço aos outros nos permite descobrir que tanto o próprio ato de cuidar quanto nossos sentimentos a respeito são mestres sábios, que nos ajudam a nos tornarmos mais plenamente humanos.

Oração e cuidados

A oração tem sido descrita como a consciência da presença de Deus e nossa resposta a essa conscientização. Deus habita em nós e no meio de nós; está em toda parte, em todos os momentos, e encontra-se sempre presente em nossas tarefas de cuidados. Afinal, cuidar nos oferece a oportunidade de pôr em prática os mandamentos bíblicos de amar a Deus e amar ao próximo como a nós mesmos.

A oração é uma fonte poderosa de fortaleza e consolo. Ao orarmos, recordamos a nós mesmos que Deus está conosco, nos cuidados que prestamos. Lembramo-nos de que Deus nunca se acha ausente nas horas gratificantes, quando tudo vai bem e nos sentimos iluminados e abençoados, assim como permanece presente nas horas sombrias, quando todas as coisas nos parecem particularmente difíceis. A oração exprime nossa admiração e gratidão durante os tempos auspiciosos e, nos tempos de provação, nossa necessidade de compreensão, apoio, paciência e orientação. Em sua Carta aos Romanos, São Paulo diz: "Sede alegres na esperança, pacientes no sofrimento e perseverantes na oração" (Rm 12,12).

A oração é uma expressão do nosso relacionamento íntimo e pessoal com Deus, portanto, cada um de nós irá rezar de modo diferente. Deus vive dentro de nós; manifestamos essa vida divina em nós de um jeito único porque único é o nosso amor. Precisamos confiar que Deus está presente e orar de quaisquer formas que acreditarmos capazes de nos auxiliar.

Nossos cuidados podem ser uma verdadeira prece, se os imbuirmos de desvelo e amor. Oramos quando nos lembramos da presença de Deus nas nossas ações cotidianas, grandes ou pequeninas: dar um copo de água a alguém, aplicar tratamentos complexos que requerem perícia, trocar fraldas ou apenas ouvir. É comum nossa oração suscitar uma reflexão sobre os eventos do dia, um maravilhamento diante de nossa participação no mistério da vida de outras pessoas, ou nosso conflito interior com os sentimentos de impotência, raiva ou inadequação. Por meio da oração, pedimos a Deus tudo aquilo de que carecemos, ou agradecemos tudo o que existe.

Há um desafio incutido em nossas preces, o de nos tornarmos cientes das oportunidades que nos são oferecidas. Tanto o ato de cuidar quanto as emoções e questionamentos que dele derivam podem ser fontes ricas de oração e, de fato, direcioná-la. Talvez este livro nos conduza a uma maior compreensão da complexidade da interação humana envolvida no cuidar. Que as orações também nos sustentem à medida que nos empenhamos para encontrar Deus nas nossas tarefas de cuidados.

Sugestões de como rezar as orações

Todas as orações deste livro compõem-se de uma citação curta – destinada a prover alimento para meditação –, uma breve reflexão e uma prece.

Talvez você queira começar com uma prece sucinta, ou então sinta-se impelido a debruçar-se, com mais vagar, sobre cada um dos segmentos. Caso tenha tempo e inclinação, medite sobre todos eles.

Talvez você prefira iniciar rezando a citação curta. Neste caso, pondere a respeito. Volte a rezá-la várias vezes, lenta e pensativamente, permitindo o seu significado tocar-lhe a alma.

As reflexões fornecem material para considerações futuras e outras orações. Às vezes as perguntas convidam você a escrever em seu diário, ou apenas sentar-se em silêncio e indagar-se: O que esta reflexão está dizendo a mim neste exato instante, na minha condição de cuidador?

Por fim, Deus nos assegura que nossas orações são ouvidas e atendidas. Faça a prece final lembrando-se de que Deus está escutando e cuidando de você. Se houver uma frase que lhe soe especialmente inspiradora, crave-a na memória e repita-a durante o dia, em seus momentos de quietude. Ou reze-a enquanto cerca alguém de cuidados, tendo em mente que todo ser humano é sagrado.

Quando Paulo aconselhou os primeiros cristãos dizendo: "Orai sem cessar" (1Ts 5,17), ele sabia que infundir o Espírito de Deus em cada uma de nossas ações tem o poder de transformá-las num ato de amor. Paulo também havia compreendido que somente a graça de Deus nos traz alívio bastante nos tempos difíceis. É possível que as orações deste livro ajudem você a exprimir os seus anseios, temores, esperanças e angústias. É possível que sirvam de canal para a expressão do seu próprio coração. Sendo você alguém que cuida, acalente a certeza preciosa de que o Deus amoroso está ao seu lado, abrasando o seu espírito, aquecendo o seu coração e guiando suas mãos.

I

Durante os tempos luminosos do cuidar

—⁕—

As orações na parte I são para aqueles momentos em que você se sente privilegiado e abençoado, para quando você precisa de direcionamento e para quando se torna ciente das dádivas e oportunidades de crescimento que o cuidar lhe oferece.

Regozijo em cuidar

*Que maneira esplêndida de caminharmos
pelo mundo, derramando nossas bênçãos
sobre tudo o que tocamos.*

Jack Kornfield. *Um caminho com o coração.*

Como cuidadores, temos muitas oportunidades de tocar outras pessoas e de fazer de cada toque uma bênção. Quando espalhamos apenas o bem pelo caminho, ao cuidarmos daqueles que de nós necessitam, construímos um mundo melhor. Nosso coração está ciente das bênçãos que podemos difundir neste mundo?

Ó Deus, possa o caminho que eu tomar na vida ser marcado pela beleza e pelas bênçãos levadas a outras pessoas. Permita-me sempre reconhecer quão afortunado sou por participar da propagação do bem neste mundo. Regozijo-me em cuidar e celebro a oportunidade de contribuir para que todas as coisas cheguem à plenitude.

Vislumbrar Deus

O Senhor faça brilhar sobre ti sua face.

Nm 6,25

Como é a face de Deus para os cuidadores? Em que tipo de situações ou em que tipo de pessoas podemos vislumbrá-la? Como sabemos quando vimos a face de Deus, quando Ele a "revelou" a nós? Ou será que sua face está sempre exposta? Se assim for, nossa esperança diante de tal bênção é que tenhamos olhos capazes de reconhecê-la quando a virmos.

—⁂—

Acho que você me mostrou a sua face muito mais vezes do que eu jamais imaginaria, meu Deus. Mas, talvez, a sua aparência não fosse aquela por mim esperada. Receio que, vezes sem conta, sua ansiedade para que eu o reconhecesse era tamanha, que você praticamente se jogou na minha frente indagando: "Você está me vendo? Está me enxergando agora?" No entanto, segui adiante porque não estava prestando atenção. Por favor, Deus, ajude-me a despertar para que me seja possível vislumbrá-lo nas pessoas que cruzam o meu caminho, em especial naquelas de quem cuido e em toda a criação.

Fazer de Deus minha morada

*Curai os enfermos [...] e dizei-lhes: O Reino de
Deus está próximo de vós.*

Lc 10,9

Somos capazes de tolerar a doença por um curto período, mas ela desvia nossa atenção do que consideramos importante no "reino" deste mundo. Todavia, quando doentes ou feridos, ou junto de pessoas vulneráveis, nós tendemos a abandonar a ilusão de que estamos no comando, de que nos achamos no controle. É quando, então, outras realidades invadem nossa consciência.

—⁂—

Ó Deus, que está sempre perto de nós, a doença ou a carência são lembretes cortantes de que uma verdade diferente opera em seu reino. É fácil perdermos o foco em você e nos deixarmos arrastar pelos valores deste mundo. Entre as experiências que me trazem de volta a você – o centro e o fundamento sagrado da minha existência – estão as doenças e as deficiências. Que eu possa fazer de você minha morada, ó Deus.

Ouvir o cântico da vida

Quando escutamos visceralmente, o cântico sublime vibra na vida de cada um de nós.

Jack Kornfield. *Um caminho com o coração.*

O escritor grego Nikos Kazantzakis, em seu livro *Francisco de Assis: o pobre de Deus,* fala sobre vir de Deus e ir para Deus e em cantar para não nos extraviarmos pelo caminho. Talvez os momentos em que perdemos o rumo no cuidar aconteçam quando nos esquecemos do canto sublime de nossa unidade, do nosso amor e interdependência. Mas o cântico da vida flui o tempo todo; o Espírito está sempre se movendo em nosso interior e ao nosso redor. Será que o escutamos, ou permitimos que o ruído que nos cerca o sufoque?

—⁂—

A música do universo vibra em minha alma. Permita-me percebê-la, Espírito de Deus. Que eu possa desacelerar e estar atento ao fluxo de seu cântico pleno de graça. Ajude-me a encontrar a paz e o silêncio necessários para ouvir a música e a partilhar com aqueles que precisam de meus cuidados. Deixe-me escutá-la ressoando em meus cuidados.

Cuidaram de mim
Estive [...] enfermo e me visitastes.
Mt 25,36

Para os cuidadores, um dos versículos bíblicos mais comoventes e consoladores deveria ser: "Estive enfermo e me visitastes". Estas palavras descrevem um dos critérios para a salvação no Dia do Juízo. Cuidar de quem necessita é um ato redentor. Às vezes, em meio às nossas tarefas, a maioria de nós sente e traz tal certeza no coração. É grande o nosso privilégio. Esta passagem nos oferece consolo e encorajamento, se a fincarmos na memória.

—⚜—

Quando Jesus diz "*Eu* estive enfermo", você me lembra, querido Deus, do caráter sagrado dos meus cuidados. Você vive naqueles que estão enfermos e também em mim, aquele que cuida. Faço parte de uma realidade poderosa, que é o dom da sua graça curadora. Não sei o que dizer, senão obrigado.

Sou precioso para Deus

Contas muito para mim, me és caro e eu te amo.

Is 43,4

O que faríamos se ninguém estivesse disposto a cuidar de nós quando, não sendo capazes de fazê-lo sozinhos, precisássemos de ajuda? Os que se dispõem a acudir os necessitados prestam o serviço mais imprescindível. Quando somos cuidadores conscienciosos e amorosos, não somos preciosos apenas para Deus, mas também para aqueles de quem cuidamos, quer eles o reconheçam ou não.

—∽∼—

É maravilhoso, ó Deus que é amor, perceber e aceitar que sou precioso para você! Ajude-me a estar sempre disponível para me oferecer de tal forma que você se regozije em mim. Que todos os cuidados por mim dispensados a alguém sejam uma expressão do seu amor sendo manifestado através do meu jeito único de ser.

Dádiva de cuidar

Espero que... a prática do despertar, da compaixão e da intimidade... tragam bênçãos à sua vida; que para você o silêncio seja uma bênção, a compreensão uma bênção, o perdão uma bênção. E que você, também, faça de seu coração e de suas mãos instrumentos para abençoar tudo ao seu redor.

Jack Kornfield. *Um caminho com o coração.*

Como pode nossa vida ser abençoada por meio de nossas tarefas de cuidados? Quando nosso coração e nossas mãos, nossa compaixão e nossas habilidades abençoam aqueles de quem cuidamos, descobrimos que dádivas maravilhosas retornam a nós. Partilhamos intimidade e apoio mútuo uns com os outros. Colhemos os benefícios da percepção de que a graça está em ação.

—⁂—

Ó Senhor, amoroso e generoso, aqui estou em meio às suas preciosas dádivas, cada vez mais consciente de que elas se encontram em toda parte. É perceptível como suas bênçãos fluem em ambas as direções – daqueles de quem cuido para mim e de mim para eles. Desperte-me para a maravilha da sua presença nesta partilha de bênçãos: a sabedoria e a coragem, a humildade e a esperança. Que eu abençoe minhas irmãs e irmãos com o meu coração e com minhas mãos.

Seja grato pelo privilégio de cuidar

Então ouvi a voz do Senhor que dizia:
"Quem enviarei, e quem irá por nós?"
E eu disse: "Aqui estou, envia-me!"

Is 6,8

Nem todo mundo está disposto, ou é capaz, de estender a mão para o outro com solicitude. Nem todos conseguem administrar o trabalho árduo, ou dedicarem-se ao aprendizado e ao aprimoramento das habilidades necessárias. Algumas pessoas simplesmente dizem não. Quando nós, cuidadores, olhamos para além das dificuldades da profissão e do cansaço que às vezes as tarefas nos trazem, reconhecemos o nosso profundo desejo de estar a serviço, de ajudar o próximo. Começamos a nos dar conta de que pisamos em solo sagrado. Sabemos que o que fazemos é mais do que mero trabalho.

—⚹—

Ó Deus compassivo, em cujas mãos repouso, sou grato pelo privilégio a mim concedido de prestar cuidados. Alegra-me que você "me envie" e me ofereça oportunidades de cuidar dos outros. Mesmo quando me sinto sobrecarregado, sei que estou fazendo o que faço por você. Que eu esteja sempre ciente de que é você quem me enviou para aqueles de quem cuido.

Aliviar o sofrimento

Não importa quão bem treinados sejam, pois o encontro com outro ser humano em busca de alívio para o sofrimento invariavelmente desafia os cuidadores de maneiras que o treinamento clínico não os preparou para enfrentar.

John Welwood. *Awakening the heart.*

Algo poderoso acontece quando nos envolvemos nos cuidados de alguém. Todo esse encontro com o outro nos desafia em muitos níveis, que vão além dos aspectos físicos da execução dos nossos encargos. É um encontro que nos impele a olhar para quem somos e para o que acreditamos, para o porquê de estarmos cuidando e como aquele convívio está nos afetando. O nosso fazer se mescla ao nosso próprio ser e à nossa transformação pessoal.

—⁂—

Deus misericordioso, ajude-me a compreender claramente os desafios surgidos no desempenho das minhas tarefas. Permita-me abraçá-los e ajude-me, também, a acolher as dádivas e as oportunidades de crescimento que estes mesmos desafios me possibilitam.

Deus é presença

Ao despertar, Jacó disse: "Sem dúvida o Senhor está neste lugar e eu não sabia".

Gn 28,16

Sou capaz de acordar para esta mesma verdade? Em meio à execução do meu trabalho rotineiro, em que passo os dias cuidando de outra pessoa – rodeado de cheiros, carências, desconfortos e alegrias – esta é a mensagem que precisa infiltrar-se: "O Senhor está neste lugar!" Deus habita no amigo, na criança, no paciente, no morador de rua. E Deus opera através de mim em tudo aquilo de bom que eu faço.

—⁂—

Deus, desperte-me. Continue me lembrando, hoje, da sua presença. Se eu perder essa percepção quando as coisas ficarem difíceis, por favor, torne a me lembrar. Que eu seja consolado pela compreensão de que, mesmo quando me esqueço de sua presença, você ainda é a razão pela qual estou fazendo o que faço.

No meu ofício, encontro a Deus

Receber o amor de Deus é reconhecer que este amor está ao nosso redor, acima e abaixo de nós; falando conosco através de cada pessoa, cada flor, cada provação e situação. Pare de bater à porta: você já está do lado de dentro!

Richard Rohr. *Radical grace.*

Os cuidadores têm oportunidades maravilhosas. Não só podemos ser arrancados de dentro de nós mesmos e ir além de nós mesmos no serviço ao próximo, como também estamos exercendo o nosso ofício mergulhados no próprio âmago da vida e de seus desafios. Cada pessoa de quem cuidamos e cada aspecto de nossos cuidados nos solicitam a encontrar e a retribuir o amor. Não precisamos sair por aí à procura do Deus de amor. Já o encontramos!

—⚅—

Deus amoroso, obrigado por me conceder um trabalho que é o seu. Obrigado por me colocar onde posso fazer o que você deseja que seja feito neste mundo: amar e servir. Quão emocionante é saber que você vive, verdadeiramente, em cada pessoa a quem me pede para servir: em meus pacientes, filhos, alunos, naqueles a quem atendo e em mim também. Louvado seja você!

Mostre-me, Senhor

Acorde! Acorde! Converta-se! Abra sua mente. Descubra uma nova maneira de ver as coisas! Porque "o reino está aqui!"
Anthony de Mello. *Awareness.*

Sendo cuidadores, é possível que venhamos a ter problemas quando enxergamos somente o que está diante de nós e pensamos estar vendo tudo o que há para ver. O mesmo princípio se aplica às nossas experiências de vida. Temos olhos para enxergar, no entanto, com frequência, observamos as coisas apenas superficialmente. Talvez estejamos ignorando certas perguntas: O que será que não estamos compreendendo, ou considerando? O que será que está acontecendo ao nosso redor e que permanece oculto, a menos que saibamos como olhar e escutar? Nossa interação com os nossos pacientes ou com outras pessoas a quem atendemos pode tomar um rumo surpreendente quando começamos a ter um olhar renovado, quando começamos a nos perguntar o que está nos escapando, a refletir sobre o drama da jornada de cada pessoa e sobre o papel que desempenhamos nesta história.

—⚜—

Quantas vezes, querido Deus, Jesus questionou: "Você tem olhos, mas não vê?" Ajude-me a acordar. Aguce minha percepção. Mostre-me, hoje, como ter um olhar renovado sobre mim mesmo e sobre as pessoas de quem cuido. Permita-me compreender que aquilo que estou fazendo e a maneira como estou sendo possuem um valor infinito. Ajude-me a perceber sua presença como nunca antes. Acorde-me para o seu reino, que já está aqui!

Espírito Santo, faça de mim um instrumento

A cada um é dada a manifestação do Espírito em vista do bem comum.

1Cor 12,7

Através de cada um de nós e em tudo o que fazemos, por meio de nossa própria singularidade, manifestamos o Espírito de Deus de maneiras que não seriam possíveis a ninguém mais. Quando cuidamos de alguém, nossos esforços se unem ao Espírito Santo, fonte de cura, inspiração e consolação. Assimilar tal fato incendeia nossa alma e fortalece nossa resolução de cuidar com amor.

—⁂—

Espírito Santo, faça de mim um instrumento para manifestar o seu amor, a sua cura e a sua sabedoria. Você me tornou único, um sinal singular do seu cuidado. Que eu seja capaz de apreciar a grandeza de sua dádiva. Que eu nunca o deixe à espera da minha cooperação. Que eu nunca me recuse a oferecer minha colaboração. Conserve-me, hoje, ciente desta nossa parceria.

Aqui e agora é a bênção

O momento presente me entrega, de bandeja, uma mensagem ardente, abrasadora, completamente nova e original, a qual pode me enriquecer infinitamente.

Henri Bouland. *All is grace.*

Quando somos capazes de encontrar o tesouro no "aqui e agora" – em cada refeição que preparamos, em cada pequeno auxílio que prestamos, em cada alívio da dor que proporcionamos, em cada uma das tarefas de nossos cuidados – estamos em contato com a realidade que é o fundamento do nosso ser. Passamos a enxergar as bênçãos e maravilhas que nos cercam à espera que delas tomemos consciência. A hora é agora. O exato instante que vivemos é a bênção.

—⁂—

Deus atemporal, você satura o tempo consigo mesmo. Ajude-me a encontrá-lo em todas as circunstâncias do meu dia. Lembre-me de que você transmite "uma mensagem completamente nova e original" em cada instante, uma mensagem carregada de infinitas recompensas. Quando eu divagar, continue me trazendo de volta ao momento presente. Abra-me para a mensagem do aqui e agora.

Presentes de Deus

O meu Deus satisfará magnificamente todas as vossas necessidades, segundo suas riquezas, em Cristo Jesus.

Fl 4,19

As bênçãos estão por toda parte – em nossa vida, em nossos cuidados e ao nosso redor –, porém é preciso que estejamos atentos para encontrá-las. Às vezes estabelecemos limites e decidimos que coisas boas só podem acontecer de determinadas maneiras. Pensando saber como Deus vai agir, perdemos todas as surpresas, todas as formas como o grande amor de Deus se acha à nossa disposição.

—⚜—

Deus amoroso, sei que é o seu amor em mim, através de mim e ao meu redor, que me sustenta no meu cuidar e em todos os outros momentos da minha vida. Permita-me viver o hoje como se numa caça ao tesouro, certo de que seus esplêndidos presentes estão escondidos em plena vista, aguardando apenas que eu os enxergue.

Espírito, fortaleça-me na minha jornada

Eis aqui um teste para saber se você terminou sua missão na Terra: Se você está vivo, não terminou.

Richard Bach. *Ilusões*.

Cuidadores são pessoas com uma missão. Missão geralmente é algo que nos sentimos impelidos a cumprir. Missões são encargos salutares, inspirações profundas nascidas das incitações genuínas de Deus. Ainda que a responsabilidade de cuidar tenha caído no nosso colo em vez de haver sido uma escolha pessoal, por que não recuamos? Talvez nos demos conta de que alguma coisa importante está acontecendo. E esta "alguma coisa" pode ser simplesmente o convite que o Espírito Santo nos faz para amar.

—⁂—

Deus de amor, percebo que meus cuidados não são dirigidos apenas aos meus pacientes, à minha família ou àqueles a quem presto atendimento. Quando pondero, realmente, sobre quem sou, sei que a minha própria transformação está acontecendo através de tudo o que faço. Se eu sentir que o cuidar tem, para mim, um sentido de missão, deixe-me cumpri-la e cumpri-la bem, pelo tempo que for necessário. Envie o seu Espírito para fortalecer-me na minha jornada.

Admiração

As pessoas viajam para admirarem a altura das montanhas, as imensas ondas do mar, o longo curso dos rios, a vastidão dos oceanos, o movimento circular das estrelas; e, no entanto, passam por si mesmas sem se admirarem.

Santo Agostinho

O que há conosco para que seja tão difícil nos aceitarmos e valorizarmos? Terá nossa religião nos ensinado que valorizarmos a nós mesmos é soberba ou então politicamente incorreto? É bom nos admirarmos com a habilidade dos outros para suportar ou enfrentar uma doença ou uma situação dura, mas, às vezes, também podemos reconhecer o quanto somos admiráveis.

———∞———

Eu *sou* admiravelmente constituído, ó Criador, e agradeço todas as dádivas que a mim você concedeu. Agradeço-lhe o que fui, o que sou, o que tenho feito e tudo o que posso realizar. Minha capacidade de sentir, crescer e aprender cumulam-me de bênçãos todos os dias e, através delas, amplia-se o entendimento que tenho de você. Sou profunda e eternamente grato.

Ter intimidade com o momento é sagrado

É na intimidade de cada momento que toda a vida espiritual atinge a plenitude.

Jack Kornfield. *Um caminho com o coração.*

Ignorar ou desvalorizar o presente significa que não estamos deveras vivendo. Em todo e cada instante escolhemos ser ou não vulneráveis ao que aquele momento nos oferece. Ter intimidade com o momento – estarmos tão atentos a ele a ponto de nos permitirmos a possibilidade de sermos por ele transformados – é viver plenamente. Este é o momento certo para o amor; este momento é o único espaço para a alegria; este momento é a única vida que realmente temos. Este momento é sagrado.

—⁂—

Deus presente, que eu abrace este momento e o acolha como se fosse o meu mais precioso amigo. Quando me isolo do presente, também bloqueio a conexão calorosa com a vida e todas as suas dádivas. Ó Deus, que está mais perto de mim do que eu mesmo, permaneça ao meu lado quando eu arriscar me abrir e sair de mim mesmo. Deixe-me conhecer o mundo do seu Espírito que se move neste exato instante através do meu ser, através da criação e através das outras pessoas.

Ame ao próximo

Amarás o próximo como a ti mesmo.

Mt 22,39

Com demasiada frequência, nos esquecemos de nos amar tanto quanto Deus nos ama. Tendemos a ser negativos e hipercríticos em relação a nós mesmos, não cuidamos muito bem de nosso corpo nem de nosso espírito. Esperamos nos contentarmos apenas com o mais ou menos. Se a primeira prova do Curso de Capacitação para Cuidador fosse amar a si mesmo, quantos de nós seriam aprovados?

—⚬—

Deus, ajude-me a me convencer de que sou digno de ser amado. Mostre-me como equilibrar o amor-próprio genuíno com aquele que ofereço aos outros. Se eu aprender a me amar realmente, sei que também terei amor abundante para ofertar a todos a quem sirvo. Permita-me refletir, hoje, sobre as maneiras como eu me amo. Ajude-me a perceber se estou tentando amar o próximo sem estar alicerçado no amor-próprio verdadeiro.

Deus está nos detalhes

Devemos estar cada vez mais atentos aos detalhes das coisas e dos seres que nos rodeiam, mesmo àquilo que pareça insignificante, pois nada é destituído de significado.

Henri Boulad. *All is grace.*

Quando episódios dramáticos acontecem, tendemos a parar e prestar atenção. Na realidade, às vezes não temos escolha – eles nos derrubam. O que frequentemente não percebemos são as dádivas existentes nas pequenas coisas, os detalhes dos cuidados que ministramos, as pessoas a quem oferecemos assistência e o nosso próprio ser. Talvez alguns grandes presentes venham em embalagens pequeninas, e não os abrimos porque não os enxergamos.

—⚍—

Ó Deus do que é vasto e diminuto, tão presente nos detalhes da vida cotidiana quanto nos acontecimentos grandiosos, permita que as pequenas maravilhas capturem minha atenção e que, ao procurar você, nelas eu possa encontrá-lo. Ajude-me a enxergá-lo no mais leve sorriso de agradecimento e a descobri-lo, oculto, na ausência de gratidão. Permita-me sentir você se apoiando em mim quando ofereço assistência e ouvi-lo me chamar quando estou cansado e não tenho vontade de responder. Deixe-me acordar para a sua presença nos detalhes e compreender que não há absolutamente nada destituído de significado.

Meu coração se enche de alegria

Um coração alegre faz bem ao corpo.

Pr 17,22

Coração alegre é um excelente remédio tanto para quem precisa de cuidados quanto para quem os ministra. Quando cuidamos daqueles cujo coração está contente, nossa carga é aliviada e encontramos prazer no que oferecemos. Quando exercemos nosso ofício com um coração alegre, nossos dons são multiplicados, a vida entra em perspectiva e iluminamos o ambiente ao redor de quem se acha atribulado. Assim diminuímos o peso do fardo que nos sobrecarrega.

Ó Deus da alegria e do contentamento, que a sua luz brilhe através de mim e seja irradiada em todos os meus cuidados. Encha o meu coração com a sua alegria para que eu me torne fonte de felicidade e cura não só para os que necessitam de meus cuidados, mas para mim mesmo também. Crie em mim um coração alegre para que eu seja um excelente remédio.

A benção de cuidar

Honrar, abençoar, acolher com o coração nunca acontece de forma grandiosa ou monumental, e sim no momento presente, da maneira mais íntima e imediata.
Jack Kornfield. *Um caminho com o coração.*

Não importa qual seja a reação daqueles que tocamos, todo ato de cuidar é carregado de bênçãos. Dia após dia, as pessoas precisam do que temos a oferecer. Cada situação – não importa quão banal ou corriqueira – oferece-nos a chance de honrar, abençoar e acolher. Com o coração aberto, escuta atenta e um pouco de coragem, podemos aproveitar o momento e cuidar. Esses convites e oportunidades estão ocultos nas circunstâncias triviais. Um cuidador desejoso é capaz de descobri-los.

Deus do mistério e da surpresa, abra meu coração para que me seja possível notar, amar e espalhar bênçãos em situações que normalmente me passariam despercebidas. Sei que tendo a pensar em você, e no que sou, nos momentos importantes; ajude-me a enxergar o que realmente se acha presente nas situações banais, costumeiras e nas horas furtivas.

Querido Deus, ajude-me a ampliar a consciência

Diz Mestre Eckhart: "Não é por suas ações que você será salvo – ou desperto; use a palavra que lhe aprouver –, e sim pelo seu ser".

Antony de Mello. *Awareness*.

Sabemos que, ao cuidar, muito do que fazemos é realmente importante: servir refeições, dar remédios, assegurar a segurança ou simplesmente estar com alguém. Entretanto, não raro, o espírito com que desempenhamos tais tarefas é ainda mais importante. Nosso humor e atitude ao cuidar revelam muito sobre quem somos, sobre o nosso "ser". Quando agimos de má vontade, diminuímos a nós mesmos como pessoas. Quando agimos com um coração amoroso, o Espírito de Deus nos sustenta.

Querido Deus, o amor é o elemento mais importante de tudo o que faço. Minha disposição de incutir amor em todas as minhas ações afeta não só o meu ser, mas se estende até aquele de quem cuido. Ajude-me a ampliar a consciência de que, embora tudo aquilo que realizo seja necessário, trago o maior dos presentes em meu ser, em quem eu sou e na minha disposição de amar.

Humildade e empatia

*O que desejais que os outros vos façam,
fazei-o também a eles.*

Lc 6,31

Essa regra simples da vida é uma das normas básicas dos cuidadores e, ainda assim, como é fácil deixar nossos sentimentos, aflições e preocupações interferirem. Devemos exultar ao nos lembrarmos de que a maioria de nós deseja o mesmo uns dos outros: respeito, compreensão e alguém que simplesmente esteja conosco quando precisamos. Humildade significa aceitar nossas forças e fraquezas, nossa escuridão e nossa luz. A lição admirável da humildade é a empatia, a disposição de se colocar no lugar do outro.

Ó Deus compassivo, de quem jorra amor e compreensão, ajude-me a espalhar o seu amor por toda a parte. Mesmo quando me é impossível tornar as coisas melhores, dê-me a coragem de amar, cuidar e respeitar. Que eu abrace a humildade, a aceitação sincera de quem sou. Ajude-me a reconhecer, humildemente, que, às vezes, também sou vulnerável e necessitado. Envie-me a sua graça para que eu possa transformar a humildade em empatia.

Ó Deus, ajude-me a conhecer o amor

*Ninguém jamais viu a Deus. Se nos amarmos
uns aos outros, Deus permanece conosco e seu amor
é perfeito em nós.*

1Jo 4,12

Muitos de nós, que optamos por ser cuidadores, sentimo-nos atraídos por um trabalho ou profissão que nos permite estender a mão para o próximo e tentar aliviar suas tribulações. O cuidar pode ser uma expressão do amor divino, um amor que transforma nosso ofício e promove a cura de maneiras que vão além do corpo. O amor de Deus flui através de nós e chega à plenitude nos cuidados que dispensamos aos outros.

—◊—

Ó Deus, que se autodenomina amor, ajude-me a conhecer um amor por mim mesmo como aquele que você me tem. Que o meu amor-próprio seja forte e sincero, cheio de ternura e compaixão. Desejo me amar amparado na certeza de que sou uma dádiva única e preciosa criada por você. À medida que me amo com um amor pleno, serei capaz de derramar amor em abundância sobre minhas irmãs e irmãos.

Encontrar maneiras de oferecer consolo

"Consolai, consolai o meu povo!", diz o vosso Deus.

Is 40,1

Todos nós temos nossas ideias favoritas daquilo que nos reconforta: afundar numa poltrona aconchegante depois de um dia de trabalho duro, ser abraçado quando preocupado ou com medo. Nós, cuidadores, provavelmente temos todo um repertório de métodos reconfortantes. Porém o consolo precisa vir de dentro, de nosso coração. O consolo começa com a nossa presença gentil e calorosa, que transcende habilidades ou gestos.

—⚞—

Deus consolador, ajude-me a ser uma presença reconfortante, capaz de suavizar a aflição e a tristeza, capaz de aliviar a angústia e a dor, e de levar consolo e esperança. Mesmo quando não me for possível mudar quaisquer condições, ajude-me a encontrar maneiras de oferecer consolo.

Sou abençoado

Dai, e vos será dado: uma medida boa, socada, sacudida, transbordante vos será colocada nos braços. Pois a medida com que medirdes será usada para medir-vos.

Lc 6,38

Um coração expansivo não se preocupa em medir aquilo que oferece. Porém a promessa de Cristo, de nos cumular de tamanha diversidade e quantidade de dádivas, a ponto de quase não conseguirmos nos apossar de todas elas, deve alegrar nosso coração. Aqueles que dão generosamente serão como crianças no dia de Natal que, havendo feito uma longa lista de presentes, descobrem que não só ganharam tudo o queriam, mas ainda muito mais!

Deus das dádivas abundantes, você retribui com infinitamente mais do que posso sequer sonhar. Sou abençoado por participar de uma permuta em que nunca poderei igualar o que dou com as graças que recebo. A você toda a glória e gratidão.

Sustente minha transformação

O nascimento não é um ato, é um processo.
A meta da vida é nascer plenamente, embora sua tragédia consista em que a maioria de nós morre antes de haver nascido plenamente. Viver é nascer a cada minuto.
A morte ocorre quando cessa o nascimento.
Erich Fromm. *The nature of well-being.*

Em tudo o que somos e em tudo o que fazemos, estamos no processo de dar à luz nós mesmos. Cada minuto de nosso cuidar nos oferece oportunidades não somente de amparar a existência do outro, como também de contribuir para a nossa própria. Não apenas o que fazemos, mas como o fazemos torna-se parte da nossa autocriação.

—⚏—

À noite, quando eu for me deitar, lembre-me, ó Deus que me sustenta em minha incessante transformação, de que não sou a mesma pessoa que se levantou pela manhã. A cada dia minhas escolhas expandem o meu ser, ou então paralisam a vida. Em relação às pessoas de quem cuido e em qualquer situação, desejo que minhas atitudes, minhas ações e todo o meu ser sejam componentes saudáveis e sagrados do eu ao qual estou continuamente dando à luz.

Ó Deus, sou privilegiado

O encontro terapêutico, como qualquer relacionamento íntimo, é cheio de mistério, surpresa e reviravoltas imprevisíveis.

John Welwood. *Awakening the heart.*

A partilha íntima com outra pessoa é a área de atuação natural dos cuidadores. Somos admitidos na esfera pessoal e particular daqueles sob nossos cuidados. Se nos permitimos ser vulneráveis ao outro, tal privilégio nos abre possibilidades de crescimento para as quais não é possível nos prepararmos. Podemos nos sentir tocados de maneiras que jamais havíamos imaginado. Talvez nossa melhor resposta seja um sincero "obrigado".

—⚋—

Ó Deus, que vive em intimidade conosco, conserve-me aberto e digno das dádivas da intimidade a mim oferecidas por aqueles de quem cuido. Que eu nunca traia sua confiança e jamais venha a trair o meu possível crescimento desencadeado pela entrega, generosa e misteriosa, que os outros fazem de si mesmos. Sinto-me abençoado por estar numa posição tão privilegiada. Obrigado.

Ajude-me, Senhor, a descobrir a verdadeira alegria

Temos, porém, dons diferentes segundo a graça que nos foi dada, seja a profecia, de acordo com a fé, seja o ministério, para servir. Se for o dom de ensinar, que ensine [...]. Se o de exercer misericórdia, que o faça com alegria.

Rm 12,6-8

Ser alegre indica bom humor. Um cuidador mal-humorado acaba representando um risco para alguém necessitando de cuidados. Cuidadores rabugentos, amargos trabalham contra si mesmos. Como é possível que atos de cuidados, destinados a promover a vida, possam ser benéficos quando realizados sem esperança, alegria e ternura? Nós, os doadores de cuidados, precisamos refletir se a nossa conduta e atitude – o nosso humor – são condizentes com o nosso objetivo, ou se estamos transmitindo mensagens conflitantes.

Querido Deus, não é que eu queira ser como aquela personagem Poliana – sempre alegre e animado de uma forma totalmente irrealista. Entretanto, tampouco desejo prejudicar os cuidados que ministro. Ajude-me a descobrir como ser verdadeiramente alegre. Ilumine meu espírito com a sua presença de modo que, mesmo quando a situação estiver difícil ou dolorosa para meu paciente, e ainda que eu me sinta cansado ou angustiado, que meu bom humor seja genuíno.

Querido Deus, ajude-me a ser atencioso

Dá ao teu servo um coração atento.

1Rs 3,9

Um dos maiores presentes que um ser humano pode oferecer a alguém é sua atenção. Quando deixamos de lado todas as distrações e realmente escutamos o outro, ofertamos uma dádiva poderosa e preciosa. Estamos dizendo: "*Você* é importante. *Você* é relevante. De tudo aquilo a que eu poderia estar dando atenção neste momento, escolho *você*". Junto com todas as ações necessárias que fazem parte de nosso cuidar, tal dádiva, por si só, tem o potencial de promover a cura.

—⚡—

Querido Deus, como é fácil me concentrar no que eu sei e sou capaz de fazer pelas pessoas e, ainda assim, esquecer uma das coisas mais importantes que me é possível agregar aos meus relacionamentos. Além de todo o meu conhecimento, habilidades e ações, posso oferecer um presente curador, de valor inestimável: minha atenção sincera, minha escuta genuína. Não me permita nunca ficar tão envolvido com o mecanismo dos cuidados a ponto de esquecer que é o coração que o aciona.

Despertar para momentos sagrados

Existe apenas um lugar onde o amor pode ser encontrado, onde a intimidade e o despertar podem ser encontrados. E esse lugar é o presente.
Jack Kornfield. *Um caminho com o coração*.

Podemos amar apenas no presente. Temos lembranças de pessoas que amamos no passado e esperança de virmos a amar outras no futuro, porém o único momento em que podemos efetivamente amar é neste exato instante. Nossa oportunidade real para usufruir de intimidade, para reconhecer nossa humanidade partilhada, é o agora. Quando estamos com alguém que precisa de cuidados, este nosso tempo juntos oferece a ambos uma oportunidade única de amar. E tal momento não se repetirá. Não é de se admirar que haja quem descreva o tempo como uma sucessão de instantes sagrados.

—⟳—

Deus amoroso, se eu continuar esperando que os outros sejam perfeitos antes de lhes estender a mão com amor, é possível que me escape a chance de amar alguém. Nenhuma das pessoas que me são importantes é perfeita. Tampouco eu o sou. Não me deixe perder mais uma única ocasião sequer de dar e receber o amor que mesmo nós, criaturas imperfeitas, somos capazes de partilhar. O cuidar me proporciona oportunidades maravilhosas. Com a sua ajuda, Deus, conseguirei despertar para esses instantes sagrados.

Fortaleça-me em minhas tarefas

O coração alegre anima o semblante.

Pr 15,13

Nós nos influenciamos mutuamente sem dizer uma só palavra. Podemos nos aprumar ou nos abater pelo que percebemos uns nos outros. Horas após alguém nos cumprimentar com alegria ainda experimentamos os efeitos daquele sorriso amável. Raiva, negatividade ou depressão alheias também nos afetam. Depois de tais contatos, nos sentimos inseguros, desalentados, perturbados. Se refletíssemos sobre o poder que temos de influenciar terceiros apenas sendo quem e como somos, talvez parássemos para pensar duas vezes sobre quais atitudes e abordagens "assumimos" ao nos prepararmos para cuidar de alguém.

Ó Deus, que nos criou para que tenhamos um efeito profundo uns sobre os outros, ajude-me a enxergar como hoje, no desempenho das minhas tarefas, ajudei ou prejudiquei aqueles sob meus cuidados através de minhas atitudes e modo de ser. Permita-me ter um coração alegre, mesmo quando os afazeres são árduos; e que meu rosto resplandeça com amor e bênçãos. Que o meu trabalho e o meu jeito de ser derivem de um coração amoroso, contente e grato.

Ser núcleo de amor e bondade

Se, neste momento, eu me torno um centro de amor e bondade, então, de uma maneira talvez pequenina, porém dificilmente insignificante, o mundo tem agora um núcleo de amor e bondade que faltava no momento anterior.

Jon Kabat-Zinn. *Aonde quer que você vá, é você que está lá.*

É fácil começarmos a nos sentir insignificantes quando o nosso cuidar acontece longe dos olhos alheios. Pode nos parecer que ninguém sabe se estamos ou não realizando um bom trabalho, se desempenhamos nossas tarefas com ou sem amor. É possível nos sentirmos isolados, quase desprovidos de conexão com alguma coisa ou com alguém. Entretanto, estamos todos conectados. Cada um de nós é uma manifestação única da mesma realidade. Talvez nunca tenhamos nos dado conta de como quaisquer oscilações em nosso próprio ser, quaisquer mudanças em nossa maneira de pensar e agir, afetam todas as partes do universo. Mas podemos ser núcleos de amor e bondade e este amor e bondade se espalharão.

Você nos criou a todos nós de uma mesma matriz, querido Deus. Estamos todos unidos, vinculados. Tudo o que me permito pensar, fazer ou sentir tem significado. Minhas escolhas podem contribuir para diminuir o amor, a paz ou a harmonia do universo. Envie-me sua graça para que eu seja um núcleo de amor e bondade a cada momento.

Vestimentas de amor

Revesti-vos de sentimentos de carinhosa compaixão, bondade, humildade, mansidão, paciência. Suportai-vos uns aos outros e perdoai-vos mutuamente toda vez que tiverdes queixa contra alguém. [...] Mas, acima de tudo, revesti-vos do amor, que é o vínculo da perfeição.

Cl 3,12-14

Jalecos brancos, conjuntos cirúrgicos ou estetoscópios ao redor do pescoço sinalizam a presença de enfermeiros, médicos ou outros cuidadores num ambiente hospitalar. Porém alguns cuidadores nunca usam uniformes ou símbolos de seu ofício. Como nós gostaríamos de ser reconhecidos? Ao nos vestirmos, antes de nos aproximarmos daqueles de quem cuidamos, deveríamos checar a lista de nossas qualidades e características capazes de revelar aos nossos pacientes o quanto são afortunados por estarem sob nossos cuidados.

―∼―

Querido Deus, ajude-me a vestir-me bem hoje, com toda a roupa interior que você ama me ver usar. Que eu seja belo e forte na compaixão e no perdão. Que a minha gentileza e paciência transpareçam nos momentos difíceis. Ajude-me a ser compreensivo e misericordioso quando me perceber crítico e irritado. Acima de tudo, que o seu amor flua através de mim e permeie tudo o que eu faço.

Livre-me do rancor

No tempo propício eu te escutei e no dia da salvação eu te ajudei. Este é o tempo propício, este é o dia da salvação.

2Cor 6,2

Costumamos remoer o que aconteceu no passado, ou ruminar o que planejamos fazer no futuro. Entretanto, o momento que requer nossa real atenção é o agora, junto dessa pessoa necessitada de cuidados. Quando vivemos no passado, ou sonhamos com o futuro, perdemos a vida que se desenrola no presente. O agora é a hora mais importante; precisamos saboreá-lo, vivê-lo, apreciá-lo. Este é o momento do encontro com o sagrado.

———

Deus vivo, ajude-me a me lembrar sempre de que o agora é uma hora preciosa, pois é a única hora que realmente tenho para viver. Quando eu reconhecer tal verdade, serei capaz de compreender que cada "agora" é um momento especial, cada lugar é solo sagrado e o que quer que eu esteja fazendo é um serviço sagrado. Você vive no agora. Não me deixe perdê-lo de vista.

Momentos gloriosos do cuidar

O que dá valor a uma ação não é a ação em si, mas o espírito com que ela é realizada. Nada é trivial, nada é corriqueiro para alguém cuja vida se baseia no eterno.

Henri Boulad. *All is grace.*

Os momentos gloriosos do cuidar – uma cura espetacular, uma sensação acentuada de excelência, uma percepção profunda – são poucos e espaçados. As tarefas usuais de subsistência e serviço ocupam a maior parte do dia. Nada se destaca. Em geral nossos dias são um ir e vir com poucas variações. Sendo as tarefas de cuidados tão comuns, corremos o risco de perder o sentido do profundo significado daquilo em que estamos envolvidos.

—⚭—

Deus, tenho a sensação de que muitos dos meus cuidados são comuns, triviais, rotineiros. Na maior parte do tempo, sinto-me como se estivesse apenas labutando penosamente, sem realizar nada de realmente importante. Ajude-me, hoje, a ver com os seus olhos. Permita-me saber que você observa cada um dos meus simples afazeres, que meus cuidados são sagrados e têm um valor infinito.

Cultivar o dom da graça

Não descuides a graça que está em ti.

1Tm 4,14

Embora tenhamos muitas qualidades em comum, não existem dois cuidadores iguais. Cada um de nós tem dons especiais, dons que não podem ser ofertados por ninguém mais do mesmo modo. Estamos cientes do que há de especial em nós? Estamos cientes de nossa singularidade? Estamos cientes de que somos um conduíte da presença de Deus para a pessoa de quem cuidamos de uma forma que não seria possível a ninguém mais?

Deus de colossal multiplicidade e expressão infinita, me faz bem pensar sobre como me destaco neste mundo. Em meio a toda a plenitude e beleza do universo, meu jeito de ser é ímpar. Ajude-me a continuar cultivando e desenvolvendo os dons que me foram concedidos. É maravilhoso saber que, ao dizer "sim" a você, ofereço-me como conduíte da sua presença no mundo, de uma maneira única. Obrigado.

Singularidade

*Pois só podemos apreciar os outros se, antes de tudo,
formos capazes de vê-los claramente como são,
em toda a sua humanidade, sem considerar nossas
ideias e preconceitos a seu respeito.*
John Welwood. *Awakening the heart.*

Um dos perigos de cuidar de alguém é passar a pensar que o conhecemos. Quando ouvimos seu choro, partilhamos suas preocupações ou limpamos seu nariz, corremos o risco de começar a acreditar que já entendemos absolutamente tudo. Enxergamos nossos pacientes através dos filtros de nossas experiências anteriores com eles e com outras pessoas que consideramos semelhantes a eles. Assim, podemos acabar cuidando de alguém que nem sequer conhecemos porque nunca nos permitimos ver o mistério e o ser único que aquela pessoa realmente é.

Deus de sabedoria, que eu esteja aberto à singularidade daqueles de quem cuido. Ajude-me a apreciar os maravilhosos matizes e infinitas nuanças do seu ser, ó Deus, pois você se revela em cada pessoa. Guie-me para que eu possa me tornar uma fonte de cura para as pessoas ao me abrir para elas exatamente como são.

O toque de amor, Jesus!

Jesus se compadeceu dele, estendeu a mão, tocou-o.

Mc 1,41

A doença ou o sofrimento do próximo não raro nos impelem a estender-lhe a mão. Tocamos nossos pacientes das mais diversas formas. Quando os banhamos, alimentamos, massageamos ou os movemos. Tocamos quando compadecidos e sensibilizados pela tribulação alheia e para estabelecer uma simples conexão. Nosso toque é uma das maneiras mais poderosas de dizer aos outros que estamos ao seu lado. Também nós podemos murchar e morrer sem o toque caridoso de alguém.

―⋙―

Ó Deus, ajude-me a sempre tocar com amor e respeito aqueles sob meus cuidados. E, por favor, toque-me também. Quando eu estiver fatigado ou abatido, quando me sentir sozinho ou despreparado para desempenhar as tarefas que assumi, diga-me que você terá compaixão de mim. Estenda a mão e me toque. Ajude-me a sentir o seu toque hoje.

Deus amado, permita-me compreender minha tarefa

Lembra-se daquela frase das Escrituras sobre tudo acontecer para o bem dos que amam a Deus? Quando finalmente você desperta, você não tenta fazer coisas boas acontecerem; elas simplesmente acontecem.

Antony De Mello. *Awareness.*

Com frequência nós nos descobrimos julgando o que é bom e o que é ruim em nossa vida. Quando as coisas acontecem como queremos, decidimos que são boas; e quando não estamos felizes com o jeito que as coisas vão, as consideramos ruins. É possível que coisas supostamente ruins às vezes acabem se revelando boas para nós? É possível crescermos e evoluirmos como pessoas tanto enfrentando as dificuldades que consideramos más quanto durante os períodos e experiências que não nos desafiam?

Ao cuidar dos outros, ó Deus amado, permita-me parar e pensar sobre as coisas que me desafiam, sobre aquelas de que não gosto e as que eu preferiria que não acontecessem. Ajude-me a compreender que minha tarefa consiste em identificar o que é bom e superar os momentos difíceis ao seu lado, Senhor. Se eu tiver em mente que você está sempre presente, imerso em tudo o que existe, como posso ver todas as coisas senão como sendo boas?

Momentos de comunhão

Se sua vida não está se movendo em direção à ação prática neste mundo real e vivente, com outras pessoas, sem a predominância do ego, não confie na sua espiritualidade.
Richard Rohr. *Radical grace.*

O cuidar proporciona muitas oportunidades para sairmos de nós mesmos, para nos concentrarmos nos outros e em suas necessidades. Quando estendemos a mão para o próximo e estamos dispostos a nos esforçarmos para oferecer cuidados afetuosos e amorosos, tanto nós, cuidadores, quanto aqueles de quem cuidamos nos beneficiamos de maneiras que não só abarcam, mas vão muito além do físico.

—⚜—

Ó Deus, que o meu tempo junto das pessoas de quem cuido sejam momentos em que eu realmente me esqueça de mim e entre em comunhão com o outro, numa aliança de crescimento. Permita-me enxergar que os meus cuidados me levam para além de mim mesmo e viabilizam um caminho real, fundamentado e prático na minha jornada rumo à plenitude.

Pequenos e grandes momentos de amor

O essencial não é o que eu faço, mas o significado que atribuo ao que faço. Uma vez que isto acontece, nada mais é banal, e mesmo a realidade mais trivial se transfigura e assume uma dimensão divina e eterna.

Henri Boulad. *All is grace.*

Temos tendência a minimizar os pequenos atos de cuidados e focar o que é evidentemente grande ou significativo. Talvez precisemos mudar de atitude e compreender que até as mínimas coisas que fazemos, se realizadas com a clara intenção de promover o bem, são "transfiguradas e assumem uma dimensão divina e eterna". Cada uma de nossas ações então emite um brilho radiante que permanece para sempre.

—⁂—

Deus radiante, as pequenas coisas que realizo – trocar fralda, dar um pouco de água, lavar o rosto, organizar a bagunça – são transfiguradas aos seus olhos e se tornam tão brilhantes quanto o sol. Quero fazer tudo o que faço como um presente para você e para aqueles de quem cuido. Quero estar ciente, todos os dias, das oportunidades que a vida põe ao alcance de minhas mãos. Obrigado por todas as múltiplas formas do amor.

Guie-me, Senhor!

*Sede compassivos, fraternos, misericordiosos e humildes.
Não pagueis o mal com o mal, nem injúria com injúria.
Ao contrário, abençoai, pois fostes chamados para serdes
herdeiros da bênção.*

1Pd 3,8-9

Cuidadores poderiam usar a prescrição de Pedro para começar o dia, pois são ordens médicas sábias. Pedro descreve como gostaríamos que os outros nos tratassem. Essas suas palavras seriam como sementes de virtude que plantamos em nossa alma e das quais nos lembramos durante o dia. À medida que as sementes crescem, nos tornamos, realmente, uma bênção para aqueles de quem cuidamos e, em troca, somos abençoados também.

Tantas vezes, querido Deus, sou tentado a ser menos do que compassivo e minha alma carece de humildade. Porém não quero contribuir para que haja injúrias ou maldade neste mundo; pois já existem em demasia. Quando surgirem os momentos em que me sentir inclinado a ser duro, áspero ou ofensivo, permita-me substituir, conscientemente, tais sentimentos pela decisão de ser uma bênção. Preciso de sua ajuda. Guie-me para amar.

A oferta do necessário

Para viver um caminho com o coração, uma vida comprometida com o despertar, também nós devemos cuidar de tudo aquilo com o que nos deparamos, seja belo ou difícil, trazendo-o para a nossa presença e acolhendo-o em nosso coração, numa grande intimidade.

Jack Kornfield. *Um caminho com o coração.*

Nem sempre somos capazes de escolher o que adentra nossa vida, mas podemos, sim, escolher o que fazer com o que nos deparamos, como lidar com o que se apresenta. A medida de nosso caráter parece ser o modo como procedemos em relação ao que enfrentamos: as experiências de que gostamos e queremos desfrutar e aquelas que consideramos difíceis e não queremos vivenciar. A cada momento temos a opção de despertar e crescer, ou então recusar a oferta.

—❦—

Tudo o que entra em minha vida me oferece a oportunidade de dar mais um passo na direção da minha própria transformação. Que eu possa ver aqueles de quem cuido, com toda a sua luz e sombra, como se me ofertando o que me é necessário. Ó Deus, ajude-me a enxergar a realidade com os seus olhos e a acolher em meu mundo cada uma dessas pessoas e tudo o que elas me trazem. E que possamos nos unir em nossas jornadas comuns rumo a você.

Viver o dom da vida

Quando você se apega, a vida é destruída; quando você se agarra a qualquer coisa, deixa de viver.

Antony de Mello. *Awareness*.

A vida muda constantemente. A vida flui. Em nosso cuidar, às vezes tentamos nos apegar à saúde e à vida, a tudo que definimos como sucesso, à imagem de nós mesmos como sendo competentes, sempre corretos, à imagem de nossos pacientes como um encargo a nós confiado. Quando nos apegamos a algo por um longo tempo, ou procuramos estar no controle, podemos entravar o processo da vida. Exigimos que as pessoas e as condições permaneçam conforme as queremos. Isto nega o dinamismo da vida e é, em última instância, frustrante.

Ó Deus da vida fluente, ajude-me a ser alguém que diz sim ao movimento da vida. Permita-me ser, eu mesmo, cheio de vida. Que eu nunca escolha me agarrar à vida, bloqueando, assim, o seu processo de contínua mudança. Sei que tenho tendência a me apegar àquilo que me agrada. Ajude-me a perceber que, quando me apego, estou roubando o que amo da própria vida.

Em comunhão com Deus

Portanto, quer comais, quer bebais ou façais qualquer outra coisa, fazei tudo para glória de Deus.

1Cor 10,31

Nossa vida é um aglomerado de coisas para fazer. Cuidar é apenas parte do que preenche nossos dias, embora possa consumir muito tempo. Às vezes nem sabemos se estamos indo ou vindo. Todavia, o que quer que esteja acontecendo em nossa vida constitui a matéria-prima que nos permite crescer em direção à plenitude e santidade. Fazemos todas as coisas para a glória de Deus?

Não quero deixar nenhuma parte da minha vida de fora, querido Deus. Quero que tudo o que faço, tudo o que sinto e cada instante seja vivido e compartilhado com você. Em meus altos e baixos, você está comigo, assim como continua presente quando me encontro no meio do caos ou quando cercado pela ordem, quando me acho perdido e quando me sinto tranquilo e sereno. Você permanece comigo em todos os momentos e nos estados intermediários também. Espero que você esteja pronto para tudo isto!

Dê-me sabedoria, Senhor

E então, para despertar, a única coisa de que você mais precisa não é energia, força, juventude, ou mesmo uma inteligência notável. A única coisa de que você precisa, mais do que tudo, é a disposição para aprender algo novo.

Antony de Mello. *Awareness.*

Todas as experiências vividas nos ensinam algo. O cuidar é repleto de possibilidades por estar intimamente ligado aos relacionamentos e às necessidades humanas básicas. Quando cuidamos uns dos outros, nós nos expomos a importantes lições sobre a vida. Será que a causa de não aprendermos nada novo é porque pensamos já saber tudo? Quão empolgante seria se nos aproximássemos de nossos pacientes, alunos, filhos, idosos, das situações e de nós mesmos com mente e coração abertos, à procura do que ainda não conhecemos, mas que sabemos ali existir.

Deus de mistério, obrigado por tudo aquilo que sei. Ajude-me a expandir o meu conhecimento e a penetrar no grande mistério que me cerca. Estou ciente de não poder, jamais, compreender a profundidade até do mais simples aspecto da criação, porém minha busca tem imensa importância. Que hoje seja um dia empolgante para mim. Que eu seja capaz de olhar, com novos olhos, para aqueles de quem cuido, para mim mesmo e para tudo ao meu redor.

Ser portador da paz

Felizes os que promovem a paz, porque serão chamados filhos de Deus.

Mt 5,9

A necessidade de cuidados pode transtornar e subverter toda a vida de uma pessoa. Ao nos vermos numa situação saturada de enfermidades, não é incomum sermos arrastados para o meio da turbulência. Se a nossa própria vida já se acha sob o peso do estresse, agir como um cuidador tranquilo pode ser duplamente desafiador. Quando todo esse caos se junta, quando o atendimento não está caminhando bem, é provável que tenhamos a sensação de que as coisas estão se avolumando até beirar a explosão. É nesses momentos que precisamos nos lembrar da paz profunda existente e disponível dentro de nós: a paz de Deus, enraizada na certeza de que o Espírito deseja nos fortalecer e encaminhar tudo para o bem. Podemos parar um instante e nos lembrarmos da presença amorosa de Deus conduzindo toda aquela situação de volta à calmaria.

Paz de Deus, hoje, no decorrer das minhas tarefas de cuidados, inunde meu coração e mente. Escolho ser um portador da paz em cada situação e com cada pessoa com quem me deparar. Nos momentos preocupantes, que eu possa levar a paz curadora que acalma e suaviza, ajudando os outros e a mim mesmo a recuperar o equilíbrio. E que possamos todos nós saber que o poder da paz de Deus está sempre à nossa disposição e operando para o nosso bem em todos os instantes.

Cicatrizando feridas

Eu te aplicarei o remédio, curarei tuas chagas.

Jr 30,17

Parece um paradoxo, mas quando estendemos a mão, com amor, para ajudar a curar os ferimentos de alguém, também nos é possível começar a mudar. Assim, velhas feridas abertas em nosso egoísmo, orgulho e preconceitos têm a chance de serem purgadas e cicatrizarem. Cada um de nossos esforços para ajudar no processo de cura do outro nos cura também.

—⚜—

Eu deveria saber, Deus da cura e da plenitude, que você me reservaria surpresas e presentes enquanto busco levar as dádivas a mim concedidas aos outros. Você não ficará simplesmente inerte. Assim, abençoe todas as minhas feridas, cicatrizando-as. Que os meus próprios ferimentos curados sejam um lembrete, e um ímpeto, que me leve a amar, cuidar e ajudar a curar minhas irmãs e irmãos feridos.

Sob a guarda de Deus

Não carregue consigo as experiências do passado... Aprenda o que significa vivenciar algo plenamente, então desprender-se e mover-se para o momento seguinte sem se deixar influenciar pelo anterior. Você estaria viajando com uma bagagem tão pequena que poderia passar pelo buraco de uma agulha. Você saberia o que é a vida eterna, porque a vida eterna é agora, no agora atemporal.

Antony de Mello. *Awareness.*

Cuidar tem suas armadilhas, externas e internas. Carregamos conosco não apenas o equipamento necessário para o exercício de nosso ofício, mas também lembranças e experiências do passado. Corremos o risco de começar a ver cada situação como simplesmente uma repetição de alguma coisa acontecida anteriormente. O problema é óbvio: cada nova situação, cada dia, cada pessoa é diferente. A vida se torna mais interessante e nossos cuidados mais cheios de entusiasmo quando abordamos cada encontro com uma renovada percepção e o coração aberto. Quando nos libertamos da bagagem do passado, criamos um novo relacionamento.

Porque tudo é eternamente presente para você, ó Deus único e atemporal, ajude-me a viver plenamente cada agora, cada instante. Não me deixe sobrecarregar a mim mesmo ou as pessoas de quem cuido com a bagagem e as armadilhas do passado. Permita-me apreciar o que quer que seja, em que momento for, e depois coloque-o sob a sua guarda.

Curador ferido

Gosto do arquétipo curador ferido, pois é o emblema de que duas pessoas num relacionamento de cura são iguais, ambas feridas e ambas com capacidade de curar.
Rachel Naomi Remen. *The search for healing.*

Cometemos um erro em nosso cuidar quando pensamos ser apenas doadores e a pessoa necessitada apenas recebedora. A troca, de fato, é mútua, cada um de nós doando e cada um de nós recebendo. Se formos capazes de perceber que estamos realmente juntos nessa situação – que cada um de nós tem seus próprios ferimentos e cada um de nós tem dons de cura – talvez venhamos a reconhecer a profundidade do relacionamento que nos é possível alcançar e a grande oportunidade que nos é apresentada.

Meu Deus, você vem a mim por meio das pessoas e das minhas experiências de cuidador, para me curar e também aos outros. Quando reconheço que, ao cuidar de alguém estou sendo curado, digo sim a uma verdadeira transformação na minha maneira de pensar e ao nosso relacionamento. Você está presente nas feridas de cada um de nós e nos dons que fluem em ambas as direções.

Sinais de Deus

Também posso abrir meu próprio livro, meu próprio evangelho, a história da minha vida, para me maravilhar com as ações poderosas de Deus a meu favor, pois tenho minha própria história com o Senhor.

Henri Boulad. *All is grace.*

Quando cuidamos das pessoas, nosso foco deve estar nelas. Entretanto, às vezes, precisamos desacelerar e analisar nossa própria vida como sendo o lugar onde Deus vem ao nosso encontro. No próprio ato de cuidar de alguém, assim como em cada momento da nossa vida, estamos no processo de escrever nossa história pessoal. Como é a nossa história? Quais são os destaques? Quais são os conflitos? Que sinais notáveis da presença de Deus temos percebido? Se continuarmos vivendo como vivemos agora, como será o desfecho?

—⁂—

Deus da História, você permite a cada um de nós escrever a própria história. Guie-me enquanto leio o desenrolar da minha história até o ponto em que me encontro agora. Que eu possa perceber todas as formas, todos os momentos nos quais você agiu em minha vida no passado. Que eu possa sentir a sua presença hoje. Que cada capítulo da minha história se desdobre de tal forma que você se deleite lendo-o comigo.

Um dos dons do Espírito Santo é a sabedoria

Não vemos as pessoas e as coisas como elas são, mas como nós somos.
Antony de Mello. *Awareness*.

Tudo é moldado e matizado por nossas percepções pessoais. Todas as pessoas que encontramos ou aquelas de quem cuidamos, e tudo o que fazem, passam pelo crivo das nossas lentes. Nossas lentes têm sido formadas, ajustadas e implantadas por todas as nossas experiências, crenças e atitudes. Infelizmente, podemos começar a pensar que a maneira como enxergamos a vida é como ela realmente é. Felizmente, um dos dons do Espírito Santo é a sabedoria – uma clara compreensão de como as coisas de fato são. Além disso, à medida que somos transformados pela graça de Deus, passamos a ver a vida como Deus a vê.

—⚬—

Deus onisciente, ajude-me a estar desperto o bastante para questionar minhas percepções, em especial quando estou sendo duro com alguém, ou negativo sobre minha experiência. Mostre-me o quanto posso aprender quando removo minhas lentes pessoais e olho tudo ao meu redor com novos olhos. Que eu cresça, para ver como você vê.

Bênçãos e oportunidades

Tudo o que acontece com você é seu mestre. O segredo é aprender a sentar-se aos pés de sua própria vida e ser ensinado por ela... Tudo o que acontece é uma bênção e também uma lição, ou uma lição que também é uma bênção.

Polly Berrien Berends. *Coming to life.*

Se a vida é uma contínua aprendizagem e se tudo na vida é ensinamento, então cada pessoa de quem cuidamos e cada instante de nosso cuidar constituem uma oportunidade única de crescimento, oportunidade que não se repete. Quão sagrados, portanto, são esses momentos! O que seria necessário para sentarmos aos pés de nossas próprias experiências, pacientes e tarefas de cuidados e permitir que se tornem nossos professores? Somos capazes de reconhecer as lições e as bênçãos ensinadas? Somos capazes de aprender uma nova uma lição a cada dia?

―⚜―

Ó grande Doador de vida, você cumula meus dias de bênçãos e oportunidades e faz de mim uma oferta em todo momento e experiência. Muitas vezes penso, erroneamente, que preciso procurar o caminho para a santidade noutro lugar qualquer. Ajude-me a enxergar que aqueles de quem cuido são meus mestres, que todas as minhas experiências são meus professores e que minha vida me presenteia com lições feitas sob medida para mim. Não me deixe perder tantas bênçãos.

Promoção da vida

Propus a vida e a morte [...]. Escolhe, pois, a vida.

Dt 30,19

Ao longo da nossa vida, e em especial no nosso cuidar, temos escolhas sérias a fazer. Cada momento, cada situação, cada encontro nos oferece uma oportunidade de atribuir-lhes vida. Escolhemos ser doadores de vida quando dizemos sim à dádiva daquele momento e evoluímos na saúde e santidade. Optamos pela morte quando recusamos a dádiva do momento presente e escolhemos a amargura, a negatividade, ou o definhamento da nossa existência. Doar vida ou promover morte não depende da situação, mas da nossa opção. Deus nos convida a escolher promover a vida.

—∞—

Deus vivo, quando sou solicitado a fazer uma opção, não importa o quanto me sinta tentado a seguir noutra direção, sustente-me na decisão de optar pela vida. Ao cuidar de meus pacientes ou de qualquer pessoa necessitada, permita-me estar ciente de que minhas escolhas irão afetá-los. Ajude-me a apoiá-los em suas escolhas de vida e que possamos nos fortalecer mutuamente. A morte física virá, porém que eu seja capaz de ajudar a mim mesmo e aos outros a viver plenamente até que este dia chegue.

Eu sou cuidador

Profissionais dão conselhos; peregrinos partilham sabedoria.
Bill Moyers. *Healing and the mind.*

Nós, cuidadores profissionais, temos a oportunidade maravilhosa de caminhar ao lado daqueles que sofrem numa jornada compartilhada rumo à plenitude. Entretanto, podemos tropeçar quando deixamos o nosso lado profissional interferir. Toda a nossa formação acadêmica e experiência visam nos tornar mais – e não menos – capazes de ajudar o próximo. Às vezes, precisamos nos lembrar de que cuidar e curar dependem da sabedoria mútua partilhada, não apenas das *nossas* habilidades e da *nossa* competência. Nós embarcamos nessa jornada juntos.

―⚏―

Deus, ajude-me a abordar o cuidar como um peregrino. Sou grato a você, que me concedeu as habilidades e o pendor para cuidar; sou grato aos que me apoiaram e propiciaram minha educação formal; sou grato a todos de quem tenho cuidado e que me ensinam tanto a cada dia. Mas, Deus, que eu seja capaz de compreender que, a despeito de todas as minhas habilidades e conhecimentos, o cuidado eficaz e a cura dependem de compartilhar a sabedoria, não apenas de dar conselhos. Que eu seja um bom companheiro de jornada para aqueles de quem cuido, contribuindo com tudo aquilo de que sou capaz e aceitando tudo aquilo que eles trouxerem para a nossa caminhada.

Acolher na gentileza

Você poderia, a título de experimento, tentar manter-se, durante algum tempo, numa atitude de plena consciência e total aceitação... tal como uma mãe abraçaria uma criança ferida ou assustada, completamente disponível e com um amor incondicional.

Jon Kabat-Zinn. *Aonde quer que você vá, é você que está lá.*

Quando investimos tanto do que somos cuidando de outros, é possível que tenhamos uma grande necessidade de praticar a gentileza amorosa em relação a nós mesmos. Ainda que isso nos pareça estranho, podemos acabar descobrindo seus maravilhosos benefícios: autoaceitação, autocompreensão e amor-próprio. Silêncio, meditação, redação de um diário e autoaceitação são, com certeza, fontes importantes de alimento para a nossa jornada.

—ɷ—

Deus bondoso, embora eu me saiba amado por você e por outras pessoas, às vezes não faço um bom trabalho comigo mesmo. Posso ser implacável no que concerne a mim e duramente autocrítico. Ajude-me a dedicar algum tempo, todos os dias, para simplesmente me acolher num abraço consciente, gentil e amoroso.

Revigore-me, criador da vida

O trabalho essencial dos profissionais da saúde em geral... é tornarem-se seres humanos plenos e infundir a humanidade plena nas outras pessoas.

Chögyam Trungpa. *Becoming a full human being.*

Em meio a todas as coisas que precisamos realizar em nosso cuidar, podemos acabar nos esquecendo de que o maior presente que nos é possível oferecer ao próximo somos nós mesmos. Em nossa singularidade, somos uma manifestação única da existência e do amor de Deus pelas pessoas. De maneiras que ninguém mais é capaz, tornamos o amor de Deus presente.

Ó Deus, fonte da minha existência, ajude-me a reconhecer que a forma mais profunda de afetar quaisquer pessoas é através de mim mesmo, do meu próprio jeito de ser. Permita-me perceber que todos os meus esforços para crescer e me tornar tudo o que posso vir a ser são contribuições para o meu cuidar. Ajude-me a compreender que os cuidados que ministro contribuem para eu ser quem sou. Revigore-me, Criador da vida.

Aceitar nossa própria humanidade

Não sei exatamente o que você precisa fazer para cuidar de si mesmo. Mas sei que você vai descobrir.
Melody Beattie. *The language of letting go.*

Embora saibamos que temos necessidade das mesmas coisas de que todo mundo carece para ser saudável, às vezes agimos como se não soubéssemos. Então acabamos exaustos, subnutridos ou extremamente estressados, e temos a sensação de já não sermos capazes de continuar a desempenhar nossas tarefas de cuidados. Nem sempre é fácil aceitar nossa própria humanidade e necessidades. Entretanto, realmente temos a capacidade de descobrir como cuidar de nós mesmos e de escolher ignorar qualquer sentimento de culpa quando o fazemos.

—⚜—

Deus, não me deixe esperar até que outros me apontem aquilo de que preciso. Ajude-me a respeitar, honrar e amar a mim mesmo o bastante para me cuidar tão bem quanto cuido de meus pacientes. Quando não cuido de mim mesmo, nem eu nem meus pacientes nos beneficiamos. Guie-me para além de qualquer culpa quando me sentir egoísta ao tirar as horas necessárias para descansar, me divertir e estar com as pessoas que me têm apreço.

II

Durante os tempos sombrios do cuidar

As orações desta parte são para aqueles momentos em que você se encontra esgotado devido aos encargos do cuidar; para quando raiva, culpa, tristeza, depressão, e até mesmo desespero, o assolam; e para quando você se sente usado, inadequado e com pena de si mesmo.

Jesus, seja o meu modelo em tudo o que faço

Derramou água numa bacia e começou a lavar os pés dos discípulos.

Jo 13,5

Lavar pés, limpar nariz escorrendo e pôr ordem no caos são alguns dos aspectos menos agradáveis do cuidar. Todo cuidador realiza tais tarefas. Jesus não se colocou acima desse trabalho. Na verdade, Ele disse: "Dei-vos o exemplo para que façais o mesmo que eu vos fiz" (Jo 13,15). Nenhum serviço deve ser visto como humilde demais, desasseado demais ou por demais abaixo de nós. O verdadeiro serviço é digno e santo. Ainda assim, é possível que precisemos pedir a graça de Deus para desempenhar algumas das tarefas.

Deus – não só das estrelas, da grandiosidade e da beleza, mas também da desordem, dos pés sujos e narizes escorrendo –, ofereço a você o meu cuidar em todas as circunstâncias. Ajude-me a ser tão amoroso, alegre e generoso quando lidando com o caos quanto o sou nas circunstâncias agradáveis. Seja o meu modelo em tudo o que faço.

Inunde-me de forças, ó Deus!
Orai uns pelos outros.
Tg 5,16

Talvez nós, cuidadores, saibamos melhor do que ninguém do quanto necessitamos de todo o auxílio possível. Encontramo-nos em situações exaustivas, exigentes, preocupantes e aparentemente intermináveis. Quando a dificuldade nos confronta, às vezes nos perguntamos por que e como fazemos o que fazemos. A oração é uma fonte surpreendente de amparo e força. Não apenas nossos pacientes, filhos ou alunos precisam de orações, mas nós também. Por meio da oração somos capazes de nos conectar com um grande número de pessoas espalhadas pelo mundo inteiro, cujas vidas são dedicadas a serviços semelhantes ao nosso.

—~~—

Ó Deus, junto dos sofredores e dos necessitados você permanece, assim como está ao lado dos que deles cuidam. Que todos os cuidadores e eu sejamos inundados de força, alegria e sabedoria para agirmos com compaixão e amor, pois estes constituem uma parte fundamental dos cuidados que oferecemos. Contamos com o seu amor e o seu auxílio. Que possamos sentir a sua presença reconfortante agora e sempre, meu Deus.

Preciso de seu auxílio, Senhor!

*Eu vim para que tenham vida e a tenham
em abundância.*

Jo 10,10

O que significa ter vida plena, em abundância? Aqui estamos nós, cuidando de pessoas que se acham esfaceladas, feridas, desamparadas, debilitadas, ou simplesmente esgotadas. E às vezes nos sentimos assim também, temos nossas próprias fraquezas e vulnerabilidades. Mergulhados na nossa própria indigência, clamamos pela graça de Deus. Vida em abundância não significa estar sempre ocupado – com agenda e horários lotados. Vida plena, em abundância, implica harmonia com os propósitos de Deus.

Ó Deus, que é a própria vida, ajude-me a enxergar como as aparências podem ser enganosas. Permita-me perceber que, mesmo em meio às debilidades ou às carências, a verdadeira vida pode estar florescendo e alcançando a plenitude. Ajude-me a fazer minha parte para promover o cultivo desta vida até a plenitude através do amor compartilhado com aqueles sob os meus cuidados. Não posso amar sem o seu auxílio, meu Deus.

Conceda sua graça, Jesus!

Viva o presente em sua plenitude! Saboreie o momento!
Mergulhe na experiência! Esta é a melhor garantia de que
você estará preparado para o amanhã.

Henri Boulad. *All is grace.*

Quando estamos cansados e nos sentindo sobrecarregados, podemos ser tentados a desempenhar nossas tarefas mecanicamente. Presumimos estar realizando o trabalho e também poupando nossa energia. Porém, acabamos insatisfeitos. A solução parece ser fazer tudo o que nos cabe com toda alma e plena atenção. Se estivermos trocando os lençóis, que os troquemos carinhosamente. Se estivermos ouvindo alguém, que o escutemos com todo o coração. Então, ao terminarmos o dia, podemos verdadeiramente repousar porque não teremos nada do que nos arrepender.

—⚉—

Deus atemporal, ajude-me a compreender que toda a vida acontece no momento presente. A mim é dado apenas o agora. Ajude-me a viver cada agora de todo o coração e com plena atenção. Conceda-me sua graça para que eu seja capaz de me entregar ao momento presente com amor e zelo. Se eu viver bem cada momento, estarei preparado para tudo aquilo que a vida me apresenta.

Amor não é seletivo

É possível a rosa dizer: "Darei o meu perfume às pessoas boas que me aspirarem, mas o negarei às pessoas más?" É possível a lâmpada dizer: "Darei minha luz às pessoas boas nesta sala, mas a negarei às más?" Ou pode uma árvore dizer: "Darei minha sombra às pessoas boas que descansam sob a minha copa, mas a negarei às más?"

Antony de Mello. *Awareness*.

Nem todas as pessoas de quem cuidamos são simpáticas ou, pelo menos, simpáticas o tempo inteiro. Algumas são até francamente desagradáveis. É natural que nos sintamos mais inclinados a servir com alegria e prontidão os agradecidos e agradáveis. O amor nos desafia a ir além das nossas propensões naturais e a derramar nossas bênçãos a todos.

Espírito de amor, ajude-me a reconhecer que o amor verdadeiro não é seletivo. Conceda-me o maravilhoso dom da caridade, que abençoa tanto quem dá quanto quem recebe. Ajude-me a ser uma pessoa amorosa e não alguém que se doa apenas àqueles que lhe parecem merecedores. Que eu veja todas as coisas da sua perspectiva, em que tudo e todos são valorizados.

O meu cuidar seja uma prece

Porque onde dois ou três estiverem reunidos em meu nome, eu estarei ali no meio deles.

Mt 18,20

Para a maioria de nós, cuidar não é o nosso único trabalho. Nós o incluímos entre muitas outras responsabilidades. Então nos perguntamos por que não temos tempo para orar. É possível descobrir como fazer duas coisas ao mesmo tempo? Acreditamos que Deus está presente em tudo o que realizamos, então por que não transformar o que estamos fazendo numa prece? Ao banhar um bebê ou uma pessoa doente, poderíamos rezar: "Lave-me e purifique-me de tudo aquilo que me afasta de você, meu Deus!" Ao servirmos uma refeição, poderíamos rezar: "Alimente-me, meu Deus, para que eu seja firme no meu amor por você".

—⚹—

Ó Deus que caminha ao meu lado, que todo o meu cuidar seja uma prece – não apenas as palavras que pronuncio, mas tudo o que faço. Sei que você está presente quando há calmaria, assim como permanece presente em meio ao caos. Conserve-me unido a você e em sintonia com o que estou realizando em cada momento, quaisquer que sejam as circunstâncias. Em algum nível da minha consciência, ajude-me a rezar sempre.

Ajude-me a irradiar amor nos meus cuidados

Na acepção da espiritualidade unificada, se desejamos levar luz e compaixão ao mundo, devemos começar com a nossa própria vida.
Jack Kornfield. *Um caminho com o coração.*

A nós, cuidadores, é ensinado a nos concentrarmos naqueles de quem cuidamos. Mas como podemos ser compassivos com alguém se nos recusamos a ter autocompaixão? Se nos tratarmos com gentileza e praticarmos a autocompreensão, é impossível ambas não transbordarem e fluírem para os outros. Não raro nossa rispidez para com as pessoas ecoa a aspereza com que tratamos a nós mesmos e a falta de respeito próprio.

—ɯ—

Ó Deus da luz e do amor, inunde-me de luz e ensine-me a ser amoroso e terno comigo mesmo. Permita à minha autocompaixão crescer sob os seus cuidados até que transborde para o mundo inteiro. Ajude-me a irradiar um amor profundo e verdadeiro para todos sob os meus cuidados.

Ajude-me a aceitar o imutável

Você não pode deter as ondas, mas você pode aprender a surfar.
Jon Kabat-Zinn. *Aonde quer que você vá, é você que está lá.*

Podemos não ser capazes de mudar algumas das coisas terríveis que enfrentamos. Envelhecimento, perda de emprego, doenças crônicas e problemas familiares são parte da vida. As pressões internas e externas parecem se multiplicar. Sentimo-nos esmagados e completamente frustrados quando tentamos deter algo sobre o qual não temos o menor controle. Talvez estejamos concentrando os esforços no lugar errado. Embora não tenhamos nenhum poder de alterar forças externas, somos os únicos capazes de mudar a maneira como as vivenciamos. Podemos aprender a "surfar", a aceitar as coisas como são e descobrir como lidar com elas.

—⚡—

É hora, meu querido Deus, de parar de bater a cabeça contra a parede da vida, tentando mudar o que não posso mudar. Ajude-me a mudar aquilo que posso, e então permita-me seguir em frente. Ajude-me a aceitar o imutável como uma realidade e a descobrir como lidar com essa realidade de tal forma que eu não me sinta sempre angustiado. De fato, surfar parece empolgante. Ensine-me a surfar.

Encher de alegria

Este momento é tão perfeito quanto pode ser. Tudo está bem aqui, neste exato instante. E se não sou capaz de regozijar-me agora, não sou, de modo algum, capaz de conhecer a alegria. A minha alegria depende das circunstâncias ou está alicerçada em algo íntimo, algo que ninguém pode tirar de mim, ou a mim conceder?

Richard Rohr. *Radical grace.*

É preciso muito esforço para reconhecer que cada momento é repleto de perfeição, em especial quando as coisas estão difíceis. E este é, exatamente, o desafio que enfrentamos em nosso cuidar. As circunstâncias com que nos deparamos quase sempre envolvem dor, sofrimento ou falta de algo desejável. Se encontramos perfeição apenas quando tudo acontece da forma que preferimos, nunca seremos pessoas alegres. Nosso desafio consiste em nos enraizarmos em Deus, que habita no mais profundo do nosso ser. Então, quaisquer que sejam as circunstâncias externas, podemos nos encher de alegria, uma alegria que ninguém pode tirar de nós.

Deus, a alegria é um sinal infalível da sua presença. Se realmente acredito que você está comigo a todo instante, então, mesmo quando a vida é difícil, tenho motivos para celebrar. Que a sua alegria me inunde neste dia, que eu permaneça sempre ciente de que estou conectado a você. Neste exato momento, você habita em mim e em minhas irmãs e irmãos.

Confiar na bondade e na sabedoria

Quando a vida nos diz não, isto não significa que jamais iremos receber aquilo que desejamos, significa apenas que a nossa ideia do que é bom para nós está, de alguma forma, equivocada.

Polly Berrien Berends. *Coming to life.*

Às vezes nossas ideias do que seria melhor para nós e para aqueles de quem cuidamos dão a impressão de não funcionarem. Temos a sensação de que tudo o que tentamos, mesmo com a melhor das intenções, fracassa. Até Deus parece estar trabalhando contra nós e simplesmente não conseguimos entender. Onde foi que erramos? Talvez estes sejam os momentos de expandir a nossa maneira de pensar a respeito de Deus, da vida e de nós mesmos, finalmente percebendo que o mistério da vida envolve muito mais do que imaginamos. Cuidar nos desafia a procurar o bem em lugares inesperados e em situações indesejadas.

Deus da sabedoria, abra os horizontes da minha maneira de pensar. Mostre-me quão empolgante pode ser acreditar na possibilidade de haver mais em uma situação do que sou capaz de perceber. Sempre que eu pedir algo para mim ou para as pessoas de quem cuido, saiba que confio na sua bondade e sabedoria infinitas. Conforme exprime São Paulo em sua Carta aos Romanos, posso afirmar que nem sei o que pedir, mas confio que o seu Espírito em mim está pedindo o que é melhor. E digo sim a isso.

Sou dotado de emoção

É difícil viver a vida com tranquilidade quando a raiva mal resolvida, escondida dentro de mim, está sempre à espreita. A raiva silenciosa, sufocada envenena minha vida.

Adrian van Kaam. *Anger and the gentle life.*

Como a prestação de cuidados costuma ser associada ao altruísmo e à bondade amorosa, acabamos nos sentindo envergonhados quando nossa raiva ferve. Achamos que há algo errado conosco, que fracassamos, que nunca deveríamos nos zangar ou nos chatear com nossos pacientes, filhos ou alunos. Assim, tentamos ao máximo esconder a raiva, até de nós mesmos. Esforçamo-nos para apresentar um semblante afável. Porém, ironicamente, em vez de desaparecer, a raiva passa à clandestinidade e nos afeta, e àqueles de quem cuidamos, de maneiras que prejudicam a nós e a eles. A raiva, como todas as emoções, simplesmente existe. Não temos que agir movidos por ela.

Deus criador, você nos dotou de emoções. Seria bom se experimentássemos apenas alegria e afeição, mas também a tristeza e raiva nos afligem. Quando me sentir exasperado, Deus, ajude-me a aceitar minha raiva como algo natural e até esperado. Ajude-me a não mais fazer da minha raiva uma inimiga. Em vez de sufocá-la e deixá-la envenenar a mim e aos meus relacionamentos, permita-me usar sua energia de maneira positiva. Que a raiva me incite a buscar soluções, a dissipar a tensão e a enfrentar as dificuldades de um modo criativo. Quando aceito a raiva abertamente e procuro entender sua mensagem, seu propósito é alcançado e posso me desapegar desse sentimento.

Conversar com Deus

Jesus disse: "Eis que eu estou convosco, todos os dias".

Mt 28,20

Mesmo enquanto cuidamos de alguém, é fácil nos sentirmos sozinhos, como se ninguém soubesse ou se importasse com o que estamos pensando ou sentindo. Se somos cuidadores profissionais – enfermeiros, auxiliares de creches, orientadores etc. –, é comum os outros presumirem que não necessitamos de amparo. Quer estejamos felizes ou tristes, cansados ou descansados, a atenção geralmente permanece focada naquele a quem prestamos atendimento, seja paciente, filho ou aluno. Às vezes desejamos que alguém pergunte como estamos, perceba a nossa presença e reconheça o nosso trabalho.

—⁂—

Quando eu estiver abatido, Deus amável, toque-me com a sua presença. Você disse que está sempre comigo. Você sabe como me sinto, o que estou pensando e fazendo. Ajude-me a perceber, hoje, as muitas maneiras em que posso encontrá-lo pertinho de mim. Começarei simplesmente falando com você, e assim não me sentirei tão sozinho.

Fortaleça-me, ó Deus!

Mesmo uma vida feliz não pode existir sem um pouco de escuridão, e a palavra "felicidade" perderia seu significado se não fosse contrabalançada pela tristeza.

C.G. Jung

Luz e escuridão são como os dois lados de uma mesma moeda. Não podemos dizer: "Vou pegar a cara, mas não a coroa!" Na realidade, sabemos o que é luz porque a distinguimos das trevas. Quando nos recusamos a reconhecer as trevas, limitamos nossa apreciação da luz. Quando aceitamos a nossa própria escuridão e a escuridão alheia, diminuímos o seu poder de nos cegar. Sabemos o que é a escuridão quando a vemos e podemos nos valer da contribuição que ela traz à nossa vida.

—⚜—

Ó Deus da unidade, você apreciou a luz e as trevas e as declarou boas. Fortaleça-me para que eu não fuja da escuridão dos meus pacientes, nem da minha própria. Mesmo quando o espectro das trevas me incomoda e desafia, mostre-me como convertê-lo num agente capaz de me ajudar a aprimorar aquilo que sei e posso oferecer. Ajude-me a perceber que, muitas vezes, a escuridão oculta o "ouro puro" de uma pessoa ou de uma situação. Não me permita desanimar perante esse desafio.

Realizar da melhor maneira

A vida à nossa frente nos arranca de dentro de nós mesmos e temos que consentir porque não há o que fazer. Assim é como vejo as pessoas sendo purificadas. Neste tipo de espiritualidade posso confiar.

Richard Rohr. *Radical grace.*

Podemos ser levados a cuidar de um membro da família ou de alguém muito próximo. Talvez não seja, de maneira alguma, uma escolha nossa, porém, visto não haver ninguém mais disponível, nos lançamos na empreitada e fazemos o melhor possível. Embora continuemos esperando que as coisas mudem, ajustamos nossa rotina, preparamos refeições extras, limpamos outra casa além da nossa, encarregamo-nos de incumbências, certificamo-nos de que as consultas médicas sejam observadas. Talvez não enxerguemos tudo isso como um exercício espiritual, mas quando foi que o Espírito já esteve fora das experiências humanas?

Será que, aos seus olhos, há algum valor nessa minha experiência, Deus? Mesmo quando não gosto muito do que estou vivenciando? Mesmo que não tenha sido minha escolha? Só estou fazendo o que faço porque é preciso. Embora continue pensando que talvez eu devesse realizar alguma coisa espetacular, vejo-me realizando o que está ao meu alcance dia após dia, da melhor maneira possível. Que isso seja do seu agrado, meu Deus.

Perdoe-me, Deus misericordioso

Ele voltará a ter misericórdia de nós, calcará aos pés as nossas faltas e lançará no fundo do mar todos os nossos pecados!

Mq 7,19

Quando cuidamos de pessoas necessitadas, a tendência é que fiquem à nossa mercê, pois, não raro, têm pouco controle sobre a situação em que se encontram, ou sobre a própria vida. Portanto, precisam confiar em nós, além de dependerem da nossa perícia e boa vontade. Nem sempre somos dignos dessa confiança. Nem sempre cuidamos com amor e empatia. Por conseguinte, temos o poder de agregar mais mágoas a vidas que já são dolorosas. Embora agir assim raramente seja intencional, apenas nós somos capazes de consertar tal situação.

—⚘—

Venho em busca do seu perdão, Deus misericordioso. Sei que aceitar a confiança que os outros depositam em mim implica me esforçar para ser digno desta confiança. Num momento ou noutro, não estive à altura de tamanha responsabilidade. Ajude-me a ser forte o bastante para pedir perdão àqueles a quem prejudiquei e revigore minha determinação de continuar a cuidar com um coração amoroso e sincero.

Em meio à angústia, que eu seja paz
Silêncio! Calma!
Mc 4,39

Quando somos honestos com nós mesmos, notamos quanto tempo gastamos nos afligindo e nos atormentando, remoendo a nossa "lista de preocupações". Perguntamo-nos se estamos sendo apreciados pelos cuidados que prestamos e se nossas decisões são boas, preocupamo-nos com o que pode vir a acontecer e assim por diante. No fim, se pensarmos bem, geralmente percebemos que tudo o que conseguimos é apenas nos fazer sentir mal. Embora refletir e questionar possa nos ajudar a cuidar e a viver de forma consciente, a preocupação nos abala insidiosamente e não produz nada de real importância.

Jesus, quantas vezes você cumprimentou as pessoas com a saudação: "A paz esteja com você!" Ajude-me a trocar o hábito de preocupar-me pela confiança em você e pela paz interior. A cada vez que eu me surpreender inquietando-me em relação a alguma coisa, plante em minha mente as palavras: "Silêncio! Calma!", e então saberei que você está comigo. E assim, gradualmente, ao repetir essas palavras, que eu possa me tornar uma pessoa cheia de paz, mesmo em meio à angústia.

Que eu possa estar junto, Senhor!

O Senhor está próximo dos corações contritos e salva os espíritos abatidos.

Sl 34(33),19

Às vezes o ofício de cuidador parte nosso coração. Estamos perto da dor, tristeza e amargura com que se debatem doentes e moribundos. Quando somos intimamente ligados àqueles de quem cuidamos, descobrimo-nos arrastados para a sua aflição e, diante de seu sofrimento, experimentamos uma terrível sensação de impotência. Porém, apesar da dor na alma, não admitiríamos que fosse de outra maneira, que nos mantivéssemos a distância. Nossa presença, e o amor que lhes dedicamos, é uma bênção mútua.

Deus amoroso, sinto, como se fossem meus, o sofrimento e a tristeza alheias. Meu coração sangra pelos que sofrem. Que a minha disposição de estar junto dos sofredores seja um consolo para eles ao atravessarem o caminho da dor. Obrigado, Senhor, pelo imenso privilégio de participar, tão intimamente, da vida daqueles que você enviou a mim. Restaure o meu coração e fortaleça minhas mãos.

Desempenhar minhas tarefas na presença de Deus

Jesus cuspiu no chão, fez um pouco de lama com a saliva, passou nos olhos do cego e disse: "Vai lavar-te na piscina de Siloé" [...]. O cego foi, lavou-se e voltou vendo.

Jo 9,6-7

Poucos cuidadores escapam da necessidade de lidar com o desasseio dos seres humanos. Pais nunca demonstram muito entusiasmo para limpar o nariz sujo dos filhos. Enfermeiros prefeririam escapar do encargo de esvaziar comadres ou higienizar após excreções involuntárias. Todavia, tarefas que nos causam repugnância são aspectos inevitáveis do cuidar. A medicina moderna, a despeito de tudo o que tem a oferecer ao processo de cura – medicamentos, procedimentos de alta tecnologia, imagens de computador –, ainda não descobriu uma maneira de eliminar o que é instintivo elementar na natureza humana. Jesus curou usando substâncias básicas, aparentemente nojentas, as quais nos esforçamos para evitar. Talvez nosso desafio seja encontrar Deus na maneira como atendemos os outros em situações corriqueiras, mundanas e até repulsivas.

—∞—

Deus, no meu amor e desejo de encontrá-lo, desperte-me para que eu seja capaz de perceber sua presença nas circunstâncias práticas em que você também está. Assim como Jesus usou barro e saliva para curar, permita-me entender que mesmo o desasseio com que me defronto no cuidar oferece-me oportunidades de demonstrar o meu amor. Embora talvez eu nunca venha a apreciar tarefas desagradáveis, quero desempenhá-las com um coração disponível e renovado. Conto com você ao meu lado.

Transforme meus medos e preocupações

Não fiqueis perturbados nem tenhais medo.

Jo 14,27

Cuidar de outras pessoas costuma ser uma enorme responsabilidade, mesmo quando elas ainda são capazes de fazer as próprias escolhas. Não raro, descobrimo-nos tomando decisões, dando remédios e até determinando quando, ou se, pedir a ajuda de terceiros. Às vezes chegamos a duvidar de nossa própria capacidade e assim, muito preocupados com a possibilidade de cometer erros, nos atormentamos e nos perguntamos se estamos à altura da tarefa de cuidar.

—⚘—

Querido Deus, é fácil para você dizer que eu não deveria me afligir ou ter medo. Porém aqui estou, numa situação com a qual nem sempre me sinto capaz de lidar. E preocupo-me, sim, com a possibilidade de cometer erros e causar algum mal àqueles por quem sou responsável. Ajude-me a aprender bem e a assimilar o conhecimento e as habilidades necessárias do cuidar e então converta minha preocupação e medo em tranquilidade e amor.

Ajude-me a confiar

O Espírito vem em auxílio de nossa fraqueza, porque não sabemos pedir o que nos convém. O próprio Espírito é que intercede por nós com gemidos inefáveis. E aquele que esquadrinha os corações sabe qual é o desejo do Espírito, porque ele intercede pelos santos segundo Deus.

Rm 8,26-27

Ainda que sejamos inteligentes, bem instruídos e bem treinados, nem sempre sabemos o que é melhor. Pelejamos com pessoas e situações, esforçando-nos para fazer o que acreditamos ser certo no nosso cuidar e nas nossas tomadas de decisões. Dilemas éticos surgem e conseguimos perceber a validade de ambos os lados de uma questão. Talvez a tomada de decisões seja a parte mais difícil do cuidar. Assim, devemos analisar as informações mais precisas disponíveis, ouvir nossa intuição, pedir conselhos e orar, confiantes no Espírito Santo que habita em nós.

—⚜—

Ó Deus, você sustenta todo o universo. Ajude-me a confiar em você e na sua sabedoria. Depois de haver analisado os fatos, rezado, ouvido a mim mesmo e aos outros, se ainda me sentir confuso e não souber como proceder, que eu me lembre de que seu Espírito habita em mim e já está pedindo pelo que é melhor e necessário para todas as pessoas envolvidas numa determinada situação. Ajude-me a ter certeza de que nunca incorrerei no erro se confiar na sua presença em meu interior e disser sim a tudo o que o Espírito pedir.

O poder da minha responsabilidade

Ninguém na terra tem o poder de fazer você infeliz. Não existe nenhum acontecimento na terra que tenha o poder de perturbar ou ferir você. Nenhum acontecimento, condição, situação ou pessoa.

Antony de Mello. *Awareness*.

Admitir que geramos grande parte da nossa infelicidade é árduo. Aceitar isso é difícil não porque não seja verdade, mas porque não queremos que seja verdade. É mais fácil quando podemos culpar alguém ou algo. No cuidar, tendemos a pôr a culpa da nossa irritabilidade, raiva ou infelicidade naqueles de quem cuidamos ou na situação, pois são circunstâncias em que muitas coisas costumam acabar provocando infelicidade. Precisamos fazer um esforço consciente para ser felizes. E pedir a ajuda de Deus nos momentos duros.

—⚎—

Ó Deus, fonte de alegria, que a sua felicidade sempre efervesça dentro de mim. Sei que isto não significa que eu vá estar sempre sorrindo, porém, bem no fundo, mesmo quando tudo me parecer difícil e angustiante, estarei conectado a um sustentáculo de amor sólido e abençoado: sua presença e seu amor por mim. Portanto, ao invés de culpar os outros pelo meu descontentamento, que eu possa escolher aceitar a responsabilidade por mim mesmo, responsabilidade que você me atribuiu.

Discernimento nas reações

Mesmo na raiva, não pequeis. Não se ponha o sol sobre a vossa ira. [...] Não saia de vossa boca nenhuma palavra má senão somente palavras boas, oportunas e edificantes, para fazer bem aos ouvintes.

Ef 4,26.29

A raiva costuma ferver, mesmo em se tratando de assuntos de pouca importância. Quando temos uma relação muito próxima com os que se acham enfermos, necessitados, sofrendo ou à beira da morte, emoções intensas despontam naturalmente, tanto em quem está precisando de cuidados quanto em quem os ministra. Emoções profundas brotam quando a vida está espinhosa e nos vemos debatendo com questões de extrema importância. De fato, esperar que cuidadores, pacientes ou outras pessoas atendidas possam interagir sem que haja momentos de forte emoção é bastante irrealista. Emoções de todo tipo estarão presentes. Nosso desafio consiste no que fazer com elas.

—⚘—

Ajude-me a acolher as emoções como uma de suas dádivas, ó Deus. Que eu seja capaz de aceitá-las como algo natural. Ensine-me que o problema não está nas emoções, e sim no que faço quando as experimento. Permita-me refletir sobre minhas reações quando me perceber injustiçado ou com raiva, e ajude-me a escolher reagir de uma maneira que não me leve a me sentir mal no dia seguinte. Que a advertência de São Paulo sobre "falar apenas palavras que edifiquem e façam o bem" se enraíze em minha alma e guie todas as minhas ações.

Transforme minha raiva em energia para fazer o bem

E não há coisa criada que fique oculta à sua presença. Ao contrário, todas estão nuas e manifestas aos olhos [dele].

Hb 4,13

A raiva às vezes nos permeia por inteiro. Ficamos enfurecidos com as pessoas de quem cuidamos, enfurecidos com aqueles que poderiam ajudar, mas não o fazem, e exasperados com Deus por nos conduzir a tais situações. Então nos sentimos culpados e envergonhados por estarmos com raiva. E assim acabamos com raiva de nós mesmos. Não queremos que Deus, nem ninguém, nos veja tão transtornados.

—⁂—

Deus amoroso, sei que grande parte da raiva é fruto da minha sensação de impotência e da incapacidade de tornar uma situação melhor. Por favor, olhe através da minha raiva e veja o meu desejo de cuidar. Transforme minha raiva em energia para fazer o bem.

Querido Deus, governe minhas emoções

As emoções são expressões fluidas da nossa vivacidade e estão constantemente mudando, sempre em processo... A ironia é que, ao tentar controlá-las, passamos a ser controlados por elas ainda mais. E assim nos encontramos presos em suas garras – o que desencadeia mais tentativas de as controlar, ou provoca ataques explosivos que nos deixam ainda mais alienados de nossas emoções.

John Welwood. *Awakening the heart.*

Ninguém quer ser o perdedor em nenhuma batalha e, se não lutássemos, não correríamos o risco de perder. Porém, assim como acontece em relação às emoções, definimos muitas coisas como inimigas, o que resulta num combate. Se formos capazes de remover as linhas de batalha entre nós e nossas emoções, se formos capazes de aderir a elas e ouvir o que têm a nos dizer, a luta cessará e ninguém sairá perdendo.

Querido Deus, não permita que minhas emoções se interponham entre mim e meus pacientes, ou entre mim e o meu desejo de fazer o bem. Não me deixe combatê-las e transformar minha vida numa disputa de poder. Quando as emoções brotarem, ajude-me a senti-las, aceitá-las e a escutar o que me dizem. Que hoje eu possa perceber as muitas e diferentes emoções que me perpassam e usufruir das tantas e diversas nuances desta minha experiência.

Que eu manifeste o bem

Quanto mais você resiste a algo, mais poder você lhe concede... Você sempre fortalece os demônios contra os quais luta.

Antony de Mello. *Awareness*.

Às vezes nossas emoções são os demônios contra os quais lutamos. Quando envolvidos nos cuidados de alguém, sabemos que emoções intensas serão suscitadas – em nós, em nossos pacientes, filhos ou idosos – porque as emoções sempre se exacerbam em meio ao sofrimento e às carências. Alegria, prazer, contentamento são fáceis de saborear. Raiva, culpa e tristeza não são bem-vindas e nos esforçamos muito para evitá-las. O paradoxo é que, ao convertermos nossas emoções em inimigas e tentarmos resistir-lhes, elas tendem a ganhar força e intensidade, ameaçando nos subjugarem. Se formos capazes de as acolher, e até de lhes ter apreço, aceitando suas lições e contribuições, não raro constatamos que o seu poder diminui.

Ó Deus, que me criou admiravelmente, que me concedeu emoções como expressões da imensa riqueza e diversidade do meu ser, ajude-me a apreciá-las como dons e sinais de vida. Ajude-me a acolhê-las como manifestações do que está acontecendo em meu interior e a aprender com elas de maneiras edificantes. Que eu possa usar sua energia para seguir em frente.

Repousar no Senhor

*O Senhor respondeu-lhe: "Eu irei pessoalmente
e te darei descanso".*

Ex 33,14

Dias a fio podem transcorrer sem que a fadiga e a exaustão deem a impressão de que irão se atenuar. Uma tarefa é cumprida e logo duas outras surgem. Não há trégua à vista, nenhum sinal de que a necessidade de cuidados será menor. Se pudéssemos apenas dormir o suficiente, apenas fechar os olhos por algum tempo e repousar, sem que nada nos interrompesse, o cuidar não pareceria tão opressivo.

—⚏—

Ó Deus, companheiro de jornada, mostre-me como repousar em você enquanto aguardo períodos mais longos de descanso. Renove-me no decorrer deste dia, a cada instante, durante as horas em que faço o que precisa ser feito. Ajude-me a ser criativo para que me seja possível encontrar preciosos momentos de descanso mesmo em meio ao meu trabalho.

O Deus da misericórdia
Para Deus tudo é possível.
Mc 10,27

Chega uma hora em que já não queremos mais cuidar – nem por mais um dia sequer. Não queremos o fardo de cuidar de alguém. Sentimo-nos cansados e irritados e não entendemos por que os outros não oferecem ajuda. Sentimo-nos presos numa armadilha porque sabemos que se não cuidarmos, ninguém mais o fará.

—⚏—

Ó Deus, que me vê e conhece minhas lutas, sei que em você posso encontrar o que preciso para perseverar no trabalho que recebi de suas mãos. Sei que você pode aliviar o peso que sinto e até mesmo me permitir experimentar satisfação e bem-estar. Conto com você. Conceda-me paciência, coragem e perseverança. Ajude-me. Ajude-me, Deus misericordioso.

Deus, fortaleça minha fé

Nada te perturbe, / Nada te amedronte, / Tudo passa. / A quem tem Deus / Nada falta. / Só Deus basta.

Santa Teresa D'Ávila

Quando nos sentimos esgotados e perdidos, quando não nos achamos capazes de continuar, quando tudo o que fazemos parece dar errado, quando nem uma só palavra de agradecimento nos é dirigida, quando estamos com raiva de todo mundo, e mais ainda de nós mesmos, é melhor parar, reajustar o foco e lembrar que tudo passa. Nessas horas, precisamos ter em mente as palavras de Teresa D'Ávila. Ao participarmos da obra de Deus, a de atender às pessoas necessitadas, Deus nos fortalecerá se clamarmos por sua ajuda. Muitas vezes pedir a ajuda divina é tudo o que podemos fazer.

Deus vivo, conforte-me em minha angústia. Que eu tenha a convicção de Santa Teresa, de que isto também há de passar. Sei que a sua graça é todo o amparo de que necessito, mas ajude-me a crer com mais firmeza. Deus, venha em meu auxílio. Fortaleça minha determinação, purifique-me da minha raiva, acalme meus nervos, ilumine meu entendimento e conceda-me paciência.

Nos momentos de dor, estou aqui

Não te ordenei que sejas forte e corajoso? Não temas e nem te acovardes, pois o Senhor teu Deus estará contigo por onde quer que andes.

Js 1,9

Às vezes nos encontramos em circunstâncias em que não gostaríamos de estar. É possível que o cuidar seja uma delas. Acabamos em situações que minam nossas forças e extinguem nossa esperança. Não conseguimos enxergar nenhuma saída. As pessoas carecem de cuidados e talvez sejamos os únicos aptos a ministrá-los. Dia após dia, há sempre a possibilidade de que surjam tarefas que nos deixem inseguros quanto à nossa habilidade de desempenhá-las. Ainda que sejamos capazes de efetuá-las, nos sentimos encurralados entre o desejo de estar noutro lugar e o nosso senso de responsabilidade. Não queremos abandonar aqueles que necessitam de nós.

Deus, em momentos como estes, sinto raiva, até de você. Não quero me achar nesta situação, dividido entre o anseio de estar noutro lugar e o desejo de servir e fazer o que é certo. Você vê a minha angústia? Se a sua vontade é que eu seja forte ao enfrentar tal conflito, então preciso de você aqui, junto de mim. Seja a minha fortaleza e o chão firme que me permite realizar o que é necessário. Preciso saber que você está aqui, ou simplesmente não consigo continuar.

Que eu possa perdoar
Eu te amei com um amor eterno.
Jr 31,3

Às vezes não fazemos o nosso melhor e nos sentimos envergonhados. Frustrados e chateados com os que estão sob nossos cuidados, acabamos descontando neles. É possível que realizemos o nosso trabalho de maneira negligente, sejamos rudes, falemos com aspereza ou ajamos bruscamente. Então nos perguntamos o que é que estamos fazendo e nos achamos um fracasso. Arrependimento e culpa lançam sua sombra sobre nós. Há momentos em que ficamos aquém de quem desejamos ser.

—⁂—

Ó Deus de amor e misericórdia, perdoe-me por minhas falhas. Que eu possa aprender com os meus fracassos e me empenhar em ser mais semelhante a você em todo o meu cuidar. Que eu possa perdoar a mim mesmo, assim como você me perdoa; ajude-me a compreender que, aconteça o que acontecer, você me ama. Permita-me recomeçar todos os dias.

Espírito de Deus, ensine-me a aceitar e a aprender

Pois já não pensarás no que sofreste; serão águas passadas em tua lembrança. A vida surgirá mais luminosa que o meio-dia, a escuridão se transformará em aurora.

Jó 11,16-17

O cuidar pode transcorrer bem por algum tempo, mas então alguma coisa nos transtorna ou enraivece e nossa aflição acabando distorcendo nosso mundo inteiro. Tornamos as situações piores quando agimos como se esses sentimentos fossem permanentes. Quando em meio à desesperança, por que não nos lembrarmos de que os tempos sombrios são esperados? Se não nos agarrarmos a eles, também haverão de vir a ser águas passadas.

—⚋—

Espírito de Deus, ensine-me a aceitar e a aprender com todos os meus sentimentos e então desapegar-me deles. Ajude-me a lembrar que a sua palavra é verdadeira e é dirigida a mim. Com o seu auxílio, sou capaz de superar minhas lutas atuais. Com o seu amparo, minha vida "surgirá mais luminosa que o meio-dia". Obrigado pela esperança que você mantém viva em mim.

Não me deixe permanecer no erro

Nós sabemos que todas as coisas concorrem para o bem daqueles que amam a Deus.

Rm 8,28

A despeito das nossas melhores intenções, às vezes caímos de cara no chão. Normalmente costumamos nos sentir muito bem em relação a nós mesmos. De repente, desabamos. Cometemos um erro grave, ou somos rudes, ou negligenciamos alguma coisa que deveria ter sido feita. Sentimo-nos péssimos. Somos bons em ministrar cuidados, porém não sabemos muito bem como lidar com nossos erros. Para que não esqueçamos o ocorrido, cabe-nos pedir desculpas e perdoar a nós mesmos. Então, como mostra São Paulo, podemos ter certeza de que Deus tirará algo bom de nosso fracasso.

—⁂—

Quando finalmente encaro a mim mesmo e a você, querido Deus, preciso admitir ser essa uma lição de humildade. Não gosto de cometer erros e envergonho-me deles. Em momentos como esses, lembre-me de que sou igual a qualquer outro ser humano: tenho o poder e a capacidade tanto de realizar coisas maravilhosas quanto de fazer escolhas terríveis. Não me deixe permanecer no erro ou continuar alimentando sentimentos ruins. Ajude-me a sentir afinidade com as outras pessoas, a sacudir a poeira e seguir em frente. Meu desejo é contribuir para que tudo fique melhor.

Ver através da aparência

Deus não olha para o que as pessoas olham: elas olham para as aparências, mas o Senhor olha para o coração.

1Sm 16,7

Nem sempre fazemos o que gostaríamos de fazer. Empenhamo-nos para começar nosso trabalho com a melhor das intenções, mas nem sempre isso transparece. Às vezes nossos maiores esforços malogram ou são rejeitados. Perdemos a cabeça e explodimos sem pensar. De muitas maneiras, não parecemos estar à altura do que almejamos ser. Felizmente Deus vê o que está em nosso coração e leva em consideração o nosso desejo sincero de servir.

—෴—

Deus, a sua compreensão atravessa as aparências e busca o coração. Que meu coração seja inundado de amor e que esse sentimento permeie tudo o que faço. Quero que todo o meu cuidar brote do amor e seja repleto de amor. Que assim seja, mesmo quando não me lembro de expressar este desejo conscientemente. Ajude-me a demonstrar tal sentimento. Crie em mim um coração amoroso.

Senhor, aceito minha vulnerabilidade

Não há como você amar até que perdoe a si mesmo por não ser perfeito, por não ser o santo que você pensou que fosse.
Richard Rohr. *Radical grace.*

De alguma forma nós, cuidadores, facilmente nos surpreendemos tentando ser perfeitos, nos esforçando para fazer de tudo um primor e desejando que os outros gostem de nós. Prestar atenção nas necessidades alheias corre o risco de acabar em segundo plano quando estamos focados na nossa própria ânsia de ser perfeitos. O amor costuma ser confuso, portanto não se sente acolhido na companhia do perfeccionismo. O amor fica muito mais à vontade junto da vulnerabilidade. Quando vulneráveis, baixamos nossas defesas, reconhecemos não ser infalíveis e nos abrimos para algo que não seja apenas imagens perfeitas de nós mesmos.

―∽―

Ajude-me a aprender o meu ofício e a me preparar para executá-lo bem, meu Deus. E então me esquecer de olhar para o meu próprio umbigo. Quero abraçar minha humanidade imperfeita. Ajude-me a aceitar todas as minhas fraquezas, erros e dúvidas, sabendo que meus pacientes fragilizados e eu temos muito em comum. É quando sou capaz de encontrar aquele denominador comum, em que nossas dores se unem, que podemos partilhar um amor no qual você se sente perfeitamente em casa.

Uma jornada interior ao lado de Deus

Eu sou o Senhor teu Deus que te ensina para teu bem, que te conduz pelo caminho que deves trilhar.

Is 48,17

Às vezes só tenho vontade de escapar, ir embora e me esconder das minhas responsabilidades de cuidador. Não quero ter mais nada a ver com pessoas doentes ou necessitadas, não quero lidar com o sofrimento, a dor e a tristeza. Quero plenitude, saúde, descanso e deleite. Quero aproveitar as coisas boas deste mundo e esquecer tudo que é penoso e doloroso. Não quero trabalhar tanto.

Deus da minha peregrinação, conto com você para me guiar, principalmente nos tempos difíceis, quando não quero estar onde estou. Ajude-me a descobrir a saúde, o repouso e o encantamento, pois são dádivas suas, dádivas que podem ser encontradas mesmo na doença e na dor. Quando meus pés estiverem direcionados para a fuga, permita-me enxergar a luz do alvorecer exatamente onde estou. Que minha alma seja renovada por minha jornada interior ao seu lado.

Mostre-me, Senhor, as preciosidades

*O Senhor te guiará continuamente e nas
regiões áridas te saciará.*

Is 58,11

Lugares desérticos em geral são áridos, quentes, rigorosos, além de pouca proteção oferecerem contra o sol implacável. Aventurar-se num deserto desprotegido, sem água e provisões, não é só uma experiência desagradável, mas potencialmente fatal. Às vezes cuidar de alguém é como estar num lugar deserto. As solicitações de nossa atenção, ternura e paciência podem ser tão implacáveis quanto o sol cáustico. A aridez nos oprime. Entretanto, a vida também fervilha no deserto. Escondidas de olhos destreinados, vicejam plantas e criaturas que aprenderam a viver na aridez e no calor. Somos capazes de encontrá-las, se soubermos onde olhar.

—⚜—

Querido Deus, quando meu cuidar me faz sentir como se estivesse caminhando no deserto, quando me acho totalmente desprotegido diante do que me oprime, lembre-me de que é possível encontrar vida abundante, se eu olhar com bastante atenção. Faça-me tão sábio quanto as plantas e os animais do deserto, que são capazes de me dar lições de sobrevivência. Mostre-me os lugares escondidos em plena vista, onde você está, me oferecendo alívio.

Conduza meus passos, ó Deus!
Eu não te esqueceria!
Is 49,15

Muitas vezes o cuidar nos parece um ofício ingrato, inútil e facilmente esquecido. Perguntamo-nos se realmente vale a pena e qual o sentido de tudo o que fazemos. Perguntamo-nos se não há outro caminho, alguma outra coisa que nos seria mais gratificante. Perguntamo-nos por que trabalhamos tanto. E até nos perguntamos onde está Deus.

—⚏—

Querido Deus, mesmo quando não estou pensando em você, você está pensando em mim. Mostre-me que estou sempre em sua mente, que jamais poderei apanhá-lo de surpresa e descobrir que você me esqueceu. Cada coisa que faço, cada cuidado que ministro, cada momento da minha vida está impresso no seu coração. Você está bem aqui agora, amando-me e lembrando-se de mim.

Cada um de nós carrega sua própria cruz

*Se alguém quiser vir após mim, renuncie
a si mesmo, tome a sua cruz e me siga.*

Mt 16,24

Muitas vezes a vida é difícil. Cuidar significa avolumar nossas preocupações, pois assumimos alguns dos fardos alheios. Cada situação com a qual lidamos tem algo que nos desafia, algo que exige mais de nós do que nos julgamos preparados para dar e, de alguma forma, somos solicitados a negar a nossa gratificação pessoal. Não temos que procurar, em mais lugar nenhum, oportunidades para alcançar a santidade. Cada um de nós carrega sua própria cruz, feita com os fardos que são exclusivos da nossa própria história.

—⚜—

Deus amoroso, ajude-me a compreender que a minha cruz é feita da minha vida. Que todos os meus fardos, mesmo aqueles do meu cuidar, sejam fontes de crescimento e de bem. Quando me sentir tentado a desertar minhas responsabilidades, a esquivar-me de meus deveres, a negar o meu amor, lembre-me das palavras de Jesus. Fortaleça-me, para que eu seja capaz de enfrentar os desafios.

Espírito de Deus, que eu flua como rio

*Se vivemos como respiramos –
absorvendo e liberando – não podemos errar.*
Clarissa Pinkola Estés. *Mulheres que correm com os lobos.*

As coisas se acumulam e parecemos não ser capazes de abrir mão de nada. Consideramo-nos responsáveis por tudo e achamos que ninguém fará nada tão bem quanto nós. No fim, devido ao nosso apego, tudo ameaça desmoronar. Nessas circunstâncias, refletir sobre a fluidez pode nos servir de auxílio. Água que não flui estagna-se. Quando o ar para de fluir em nossos pulmões, morremos. Quando nos agarramos a preocupações, questionamentos, temores e emoções, é possível que acabemos explodindo. Precisamos nos ensinar a absorver e liberar.

—⚍—

Espírito de Deus, nunca estático, ensine-me a me conectar e desconectar de maneiras salutares. Ajude-me a me conectar com aqueles de quem cuido quando a nossa conexão é curativa e plena de graça. E quando for necessário me desapegar, mostre-me como fazê-lo com amor e convicção na minha integridade e na da outra pessoa também. Cada vez que eu inspirar e expirar, permita-me lembrar de que a vida precisa fluir.

Que o toque das minhas mãos seja terno

Jesus se compadeceu dele, estendeu a mão, tocou-o.

Mc 1,41

Cuidar de alguém que amamos e que tenha perdido a capacidade de se relacionar conosco é penoso para nós, cuidadores. Sem nenhuma razão física aparente, aquele que amamos não dá sinal de nos reconhecer. Nosso coração se parte dia após dia quando, cheios de expectativa, buscamos, em vão, algum sinal, algum lampejo de reconhecimento nos olhos do outro que nos permita estabelecer contato. Em circunstâncias assim, nos afligimos diariamente tanto pelo que já perdemos quanto pelas perdas que ainda virão. Nessa situação, temos duas pessoas para cuidar – nosso ente amado e nós mesmos.

—⟪⟫—

Querido Deus, cuidar de alguém que eu amo nesta situação é angustiante. Seria, para mim, um enorme conforto se meu ente querido me reconhecesse por um instante que fosse e soubesse que estou ao seu lado. Mas tal consolo não me é dado. Por favor, perdoe minha frustração e aflição. Que todo o meu amor e cuidados carinhosos sejam recebidos, mesmo que não haja nenhuma indicação de que isso seja percebido. Que o toque das minhas mãos possa comunicar a ternura existente em meu coração. Toque a nós dois, Senhor, com o seu amor e o seu cuidado.

Conceda-me o dom da bondade, Senhor

Sede antes bondosos e compassivos un para com os outros.

Ef 4,32

É difícil cuidar de quem nos dá instruções o tempo inteiro, de quem quer que tudo seja feito à sua maneira. É comum pessoas necessitadas de ajuda sentirem haver perdido a dignidade e a autoestima se não puderem estar no comando. Ao terem que abrir mão da independência, é provável que procurem mandar nos outros ainda mais. Sendo cuidadores, nós pelejamos com esse tipo de desejo de controle. Às vezes é preciso que estejamos no comando. Pacificar tais embates não tão sutis põe à prova nossa paciência.

Sou capaz de ponderar bem as coisas, Deus da sabedoria, porém isso parece não fazer a menor diferença. Talvez eu precise compreender que as pessoas que se julgam à beira de perder o controle de sua vida estão se debatendo não tanto com a questão de ter ou não razão, mas com o próprio sentimento de perda. Em vez de discutir e tentar me impor, creio que minha maior contribuição seja agir com um pouco mais de gentileza, de bondade. O que eu teria realmente a perder? Conceda-me o dom da bondade, Senhor.

Ser corajoso

As coisas com as quais nada podemos fazer – o inútil – e as coisas a respeito das quais nada podemos fazer – o necessário – são sempre as coisas que nos conectam com o Real.

Richard Rohr. *Radical grace.*

Os velhos, os oprimidos, os decrépitos, os desfigurados, aqueles cujas mentes não se conectam com o mundo, e muitos outros considerados inúteis aos olhos da sociedade, vêm até nós em busca de cuidados. É um trabalho árduo o nosso e chegamos a desejar correr na direção oposta. Porém, muitas vezes, essas pessoas não têm a quem recorrer ou para onde ir. Suas carências nos fazem pensar seriamente sobre as nossas próprias necessidades, inseguranças e vulnerabilidades. Essas são pessoas que nos desafiam a questionar em que acreditamos e o que valorizamos.

—⚋—

Não basta, Deus, que eu esteja disposto a cuidar de alguns necessitados? Cuidar dos desvalidos é custoso, e me consome por dentro e por fora. Não tenho certeza se quero enfrentar tantas dificuldades. Talvez eu me sinta desencorajado pelo fato de você se achar escondido em lugares que não me atraem. Por que você faz do cuidar algo tão duro?

Afaste-me da solidão

Até quando, Senhor, continuarás me esquecendo? Até quando me ocultarás tua face?

Sl 13(12),2

Quando cuidamos sozinhos de bebês ou de pessoas privadas de condições de se comunicarem conosco, ou quando ninguém parece notar ou apreciar nosso trabalho, é provável que experimentemos uma profunda sensação de isolamento. Esse esforço solitário não raro se revela particularmente penoso. Tais situações costumam nos impelir a procurar alguém com quem conversar sobre a nossa experiência. Pelo menos assim conseguimos ter alguma perspectiva do que estamos fazendo. Porém, às vezes, simplesmente nos sentimos abandonados, até mesmo por Deus. Quando isso acontece, podemos nos lembrar do Sl 13(12),6: "Quanto a mim, confio em tua bondade: meu coração exulte com tua salvação!"

—⁂—

Sinto-me tão sozinho, meu Deus, que às vezes tenho a sensação de que até mesmo você me abandona. Torna-se mais e mais difícil prosseguir ministrando os meus cuidados quando ninguém parece sequer saber onde estou. Quando você esconder sua face de mim, vou continuar buscando-o até encontrá-lo. Procurarei você especialmente num amigo que se mostre disposto a partilhar o meu fardo. Se tal não for possível, vou invocá-lo nas minhas orações, Senhor, na esperança de sentir aquele amor perene que o salmista exalta.

Afaste-me do inimigo

Se teu inimigo tiver fome, dá-lhe de comer, se tiver sede, dá-lhe de beber, pois, assim fazendo, amontoas brasas vivas sobre sua cabeça.

Rm 12,20

Em vários momentos, as pessoas de quem cuidamos se assemelham a um inimigo. Mostram-se difíceis, recusam nossa ajuda e sugestões e revelam possuir um temperamento detestável. São Paulo nos faz uma proposta interessante. Quando escolhemos retribuir com amor, quando não respondemos na mesma moeda, desarmamos nossos algozes e os surpreendemos de tal forma que os impelimos a reconsiderar o próprio comportamento. A despeito de como venham a agir, nós podemos escolher amar porque nossas reações não são determinadas pelo comportamento alheio.

Deus sapiente, você sabe que às vezes fico chateado com o mau comportamento a que me apeguei. Ajude-me em relação a todos aqueles que são difíceis de cuidar. Conceda-me sabedoria e força para que eu possa continuar sendo amoroso. Talvez minha gentileza os ajude a abandonar o seu padrão de comportamento pernicioso.

Transforme meus medos, ó Deus

Todas as pessoas ficam com raiva, sejam santas ou pecadoras. Sentir-se irritado, enfurecido, agressivo é, portanto, tão humano quanto sentir-se triste, contentíssimo, afetuoso, cansado ou solitário.

Adrian Van Kaam. *Anger and the gentle life.*

A raiva é inevitável na vida de qualquer um de nós. Por sua própria natureza, o cuidar implica estar em situações existenciais indesejáveis: desamparo, dor, tristeza, carência. O resultado é que o nosso próprio medo e vulnerabilidade são afetados. Assim, porque nos esforçamos tanto para evitar situações que evoquem a nossa própria impotência, acabamos irritados com a pessoa que, sem o saber, nos lembre o que preferiríamos ignorar. Ter consciência da origem da nossa raiva pode nos ajudar a compreender e administrar nossas próprias reações.

—⚬—

Deus misericordioso e compassivo, que eu me console com a narrativa da raiva de Jesus ao expulsar os vendedores do Templo. Lembre-me de que a raiva é uma reação natural, inata e até potencialmente útil para mim. Quando eu estiver enraivecido, ajude-me a aceitar o que sinto como parte da minha própria humanidade – na verdade, como uma manifestação de vida. Ajude-me a entender que minha fragilidade e impotência não são sinais de fraqueza, mas rachaduras na minha armadura, através das quais posso, mais facilmente, entrar em comunhão com você. Que os meus sentimentos de vulnerabilidade me levem a depender mais de você, Senhor.

Senhor, faça de mim instrumento

Uma parte essencial do processo terapêutico para vítimas de trauma consiste na construção de um relacionamento que sirva como prova, em primeira mão, que outros relacionamentos também podem ser bons, que o paciente é digno, apesar da experiência traumática, e que a confiança, ao invés da desconfiança, pode, muitas vezes, ser a maneira apropriada de abordar o mundo.

Ronnie Janoff-Bulman. *Shattered assumptions.*

Às vezes nosso cuidar tem repercussões que vão além daquelas que costumamos levar em consideração. Quando cuidamos de alguém cuja crença na vida foi abalada, o modo como nos relacionamos com essa pessoa pode ajudá-la a encontrar o caminho de volta para uma existência sadia. O apoio daqueles que são próximos da vítima parece ser um dos maiores fatores contribuintes para o seu ajustamento saudável.

Quando cuido daqueles que perderam a confiança nas pessoas e na vida, conceda-me, Deus, por favor, ternura, respeito, sensibilidade e confiabilidade para que eu possa ajudá-los no processo de restaurar sua confiança. Permita-me agir como seu instrumento, Senhor, de uma maneira sólida, saudável e carinhosa, para que meus pacientes escolham a vida novamente, certos de que vale a pena viver. Ajude-me a compreender a enorme importância da minha presença confiável e amorosa.

Desapegar de minha tristeza

Felizes os que choram, porque serão consolados.

Mt 5,4

Talvez precisemos passar mais tempo nos condoendo do que imaginamos. Nós, cuidadores, temos o privilégio e a dor de lidar com perdas de todos os tipos. É saudável e certo vivenciarmos tais perdas. O consolo desponta apenas quando nos afligimos. Quando nos recusamos a prantear, engolimos nossa tristeza e a guardamos no coração, onde esse sentimento se avoluma até que estejamos dispostos a deixá-lo escoar. Nosso sofrimento pode ser um reconhecimento intenso e salutar de quão profundamente valorizamos o dom da nossa vida.

—∞—

Ó Deus, você segura minha vida em suas mãos. Ajude-me a compreender que minha aflição é sinal do quanto prezo as bênçãos a mim concedidas. Só é possível evitar a angústia se eu negar minha conexão com o outro. Quero ser capaz de reconhecer aquilo que devo deixar de lado, quero vivenciar o sofrimento de quaisquer maneiras que me sejam salutares e seguir em frente com a minha vida, aberto para o que ainda está por vir. Guarde a minha perda com você, Senhor. Desejo, particularmente, prantear e me desapegar da minha tristeza causada por _____ _____.

Minha força interior é real

A vida não é como deveria ser. A vida é como é. A maneira como você lida com isso é que faz a diferença.

Virginia Satir

Quanto do nosso tempo gastamos com os "se ao menos"? Se ao menos esse paciente fosse mais agradável... Se ao menos minha família soubesse o quanto eu trabalho duro... Se ao menos alguém cuidasse de mim de vez em quando... Acabamos desperdiçando uma quantidade enorme de tempo e energia alimentando tais pensamentos ilusórios que não nos ajudam, em nada, a enfrentar as situações. De fato, pensamentos desse tipo geralmente fazem com que nos sintamos piores! Nós temos, *sim*, uma força interior real que nos permite enxergar as coisas como são, que nos capacita a efetuar quaisquer mudanças que julguemos benéficas e nos ajuda a descobrir como lidar com o que não pode ser mudado.

Não quero passar muito tempo me lamentando, querido Deus, embora algumas lamúrias, ou até muitas, sejam compreensíveis quando minhas lutas são difíceis. Na maioria das vezes, tudo o que desejo é que você me ajude a agir e a desfrutar ao máximo da minha vida. Fui abençoado com talentos e habilidades, com pessoas que me amam e com a sua presença, meu Deus. Sei que cabe a mim entender as coisas e fazer o melhor possível. Mas conto com o seu auxílio.

Amparo nas lágrimas

Quando viu que Maria e todos os judeus que vinham com ela estavam chorando, Jesus se comoveu profundamente.

Jo 11,33

Há momentos em que os cuidadores têm que prestar assistência a alguém em meio a uma grande tristeza. Quer aquele de quem cuidamos seja um parente ou um amigo querido, quer estejamos comovidos diante do sofrimento alheio, de vez em quando nos vemos imersos na dor. Sentimo-nos divididos entre dar vazão às lágrimas ou contê-las, para que possamos fazer o que deve ser feito. Às vezes nossas lágrimas são uma dádiva, porém, às vezes, precisamos protelar o nosso próprio sofrimento. Em qualquer um dos casos, um dos preços do cuidar, não raro, é a dor.

Deus compassivo, Jesus amou tanto que se emocionou até às lágrimas com a morte de seu amigo Lázaro. Também eu estou profundamente comovido com as mortes, perdas e sofrimentos com que me deparo. Assim como as lágrimas de Jesus expressaram sua tristeza, que o meu compartilhamento da dor alheia possa ser uma verdadeira dádiva para quem sofre. Ajude-me a perceber quando minhas lágrimas são um bálsamo e quando devo buscar maneiras diferentes de servir. Em ambos os casos, esteja comigo no meu pesar, Deus de toda a consolação.

A lágrima é um dom

As lágrimas não apenas expressam sentimentos, mas são também lentes através das quais ganhamos uma visão alternativa.

Clarissa Pinkola Estés. *Mulheres que correm com os lobos.*

As lutas de nossa própria vida, ou o sofrimento de nossos pacientes e das pessoas a quem atendemos, podem nos levar às lágrimas. E, por alguma razão, sentimo-nos embaraçados, frágeis, achando que não deveríamos sobrecarregar ninguém com a nossa tristeza. Isso é especialmente verdadeiro em relação aos cuidadores profissionais. Será possível que as lágrimas sejam uma bênção? Será que devemos considerar os benefícios de deixá-las fluir? Talvez as lágrimas falem por si quando faltam as palavras. Talvez as lágrimas carreguem sentimentos reprimidos, permitindo-os jorrar livremente do nosso coração. Talvez possamos enxergar com mais clareza e honestidade através das lágrimas. E talvez nossas lágrimas confortem as famílias e amigos de quem cuidamos, pois revelam o quanto honramos seus entes queridos.

Não importa o que se diga ao contrário, Deus conosco, eu agradeço pelo dom das lágrimas. Há momentos em que experimento uma profunda tristeza e nada é capaz de expressar o que sinto como as lágrimas. Nada me possibilita seguir em frente mais livre de amarras do que me permitir chorar. De alguma forma, consigo enxergar sob uma perspectiva diferente quando sou sincero em relação aos meus sentimentos e os deixo fluir através das lágrimas. Que minhas lágrimas também consolem outras pessoas dilaceradas pela dor.

Autogratificação

Nosso desafio é encontrar um alicerce na vida, de uma solidez tal que nos permita ser, todos nós, genuinamente amorosos; para que assim possamos, de fato, amar verdadeiramente, em vez de usarmos e abusarmos uns dos outros.

Polly Berrien Berends. *Coming to life.*

Um dos perigos do cuidar é a possibilidade de usar quem se acha sob os nossos cuidados como um meio para atingir nossos próprios fins, um recurso para a autogratificação. Embora não nos proponhamos a agir assim conscientemente, é algo que pode acabar infiltrando-se em nossas expectativas e ações. É fácil tal acontecer nos momentos em que não nos sentimos reconhecidos, ou quando gostaríamos de culpar paciente, aluno ou a pessoa a quem atendemos por estarem sendo ingratos ou pouco cooperativos. É natural esperar que nossos esforços nos gratifiquem, porém devemos ter cautela em relação às expectativas alimentadas. Expectativas frustradas podem levar ao descontentamento, à negligência e até à manipulação.

Deus da vida, o amor não depende de reconhecimento, mas gosto de saber que sou apreciado. Quero oferecer meu amor e cuidados espontaneamente, sem amarras. Quero receber quaisquer dádivas a mim retribuídas, mas considerando-as sempre presentes inesperados. Por favor, que eu tenha clareza e consciência dos momentos em que espero que as minhas próprias necessidades sejam atendidas por aqueles de quem cuido.

Ó Deus da sabedoria, que eu aprenda a lidar com a rejeição

A única maneira de alguém ajudar você é desafiando suas ideias.

Antony De Mello. *Awareness*.

Nós, cuidadores, temos dificuldade para lidar com a rejeição de nossos conhecimentos ou habilidades. Chegamos ao trabalho imbuídos de boas intenções e bem preparados, porém, às vezes, as pessoas de quem cuidamos são ingratas, fazem exatamente o contrário do que sugerimos ou dizem que não gostam do que estamos propondo. Temos a sensação de que levamos um soco. Nossa vontade é retribuir a rejeição e sair pisando duro para lamber as feridas. É muito difícil reconhecer a oportunidade de crescimento que o desafio nos oferece.

—∞—

Ó Deus da sabedoria, se aquilo que eu sei ou no que acredito nunca for desafiado, acabará se solidificando e parando de crescer. Mas é duro enxergar o desafio como uma dádiva. É difícil abrir mão da minha própria posição de autoridade e responsabilidade em relação àqueles de quem cuido, e sei também que os outros nem sempre estão certos. Provavelmente, o melhor que eu possa fazer seja analisar minhas ideias quando estas estiverem sob críticas pesadas, repensar minhas crenças e maneiras de executar as tarefas. Talvez, minha simples disposição de abrir a mente promova uma renovação.

Tempo de provações

O ser humano é semelhante a um sopro;
seus dias, como a sombra que passa.

Sl 144(143),4

Se ao menos o nosso dia fosse como uma rajada de vento, se ao menos tivéssemos a sensação de que nosso trabalho avança quando labutamos, dia após dia, em circunstâncias difíceis. De vez em quando precisamos lembrar a nós mesmos que a nossa percepção de tempo é relativa. O tempo voa quando estamos nos divertindo e se arrasta quando nos achamos em meio ao sofrimento ou à angústia. Talvez precisemos parar e pensar sobre como a experiência que estamos vivendo no momento presente irá nos parecer quando tudo passar. Pois esta, também, será uma página virada.

—◆—

Meu Deus, sei que este tempo de provações não durará para sempre, embora possa parecer que sim. Em vez de estar sempre antecipando o futuro, permita-me vivenciar plenamente o momento atual, pois é este que você concedeu a mim. É claro que espero um amanhã melhor – afinal, é humano reagir assim –, mas ajude-me a valorizar o momento presente. Acorde-me para a realidade da rapidez com que a vida passa. Quantos ontens já se foram.

Deus vivo, mostre-me como estar aberto

O que muitas vezes parece liberar um emaranhado emocional não é a catarse per se, *mas sim permitir que nossos sentimentos falem conosco e revelem aquilo que estão nos pedindo para prestar atenção, o que estão nos dizendo sobre como temos lidado com as situações da nossa vida.*

John Welwood. *Awakening the heart.*

Interações humanas intensas provocam uma avalanche de emoções. Quando as sensações são agradáveis, é um deleite experimentá-las. Porém, quando sentimentos como culpa, raiva, repugnância, repulsa, vergonha, aversão ou antipatia nos inundam, tentamos enfiá-los num canto escuro da mente. No entanto, se lhes permitirmos, as emoções têm muito a nos ensinar. Afinal, continuam fazendo um barulho tremendo em nosso interior, ainda que as estejamos segurando atrás da porta da negação. Uma vez que abrimos a porta, podemos encará-las e indagar: O que em mim trouxe vocês à tona?

—ɯɯ—

Deus vivo, mostre-me como estar aberto aos ensinamentos das minhas emoções. Ajude-me a perceber que todas as minhas reações, desejáveis ou não, me oferecem um presente. Que eu seja capaz de descobrir o que cada uma das minhas reações está me dizendo sobre mim mesmo e decidir como é possível transformar essa informação em um passo à frente no meu crescimento pessoal e no meu ofício. Ao invés de gastar energia mantendo a porta fechada aos meus sentimentos, que eu a abra e dialogue com aqueles professores, mesmo quando não gosto deles.

Manter o equilíbrio

Precisamos encontrar um equilíbrio entre o que fazemos por nós mesmos e o que fazemos pelos outros, aprendendo tanto a receber quanto dar. Pois, se apenas damos e nunca recebemos, nosso equilíbrio se esvai.

Elisabeth Kübbler-Ross. *Healers on Healing.*

Como é fácil perder o equilíbrio. Ao cuidar de alguém, costumamos ficar tão envolvidos com o que estamos fazendo e com o que devemos fazer que acabamos nos esquecendo de nossas próprias necessidades. Precisamos de uma folga, por exemplo, de algum tempo para nos recuperarmos de tudo o que investimos em nossos cuidados. Por mais importante que seja nossa tarefa, necessitamos repor a energia despendida.

—⚋—

Deus recriador, você sabe que toda a vida é um dar e receber, é aceitar e desapegar-se. Ajude-me a conservar o equilíbrio. Ajude-me a reconhecer que atender minhas próprias necessidades não é egoísmo. Seu desejo é que eu cresça e seja pleno. Permita-me entender que meus pacientes e eu somos importantes aos seus olhos e que não só eles, mas eu também, necessitamos da minha atenção amorosa e dos meus cuidados.

Estar na serenidade de Deus

Poucas situações podem ser melhoradas pelo nosso descontrole – a despeito do quanto pareçam exigir isso de nós.
Melody Beattie. *The language of letting go.*

Quando tarefas, sentimentos ou decisões se acumulam, tememos estar perdendo o controle de nós mesmos e da situação. Às vezes experimentamos a tentação de fugir das nossas responsabilidades e pular fora. Em outras ocasiões, sentimos que se cedermos às emoções, elas irão nos dominar e abater de tal forma que jamais encontraremos uma saída. Um afastamento planejado e temporário pode ser a melhor estratégia para evitar uma retirada precipitada.

Há momentos, Deus da sabedoria, em que preciso que você me envolva na sua vasta calmaria e serenidade, que me tome pela mão e me conduza, passo a passo, ao chão firme da sua presença. Abandonar meus deveres de maneira irresponsável não traz benefício algum a ninguém. E tampouco me permite escapar dos meus medos e necessidades. Ensine-me a me retirar para dentro de mim mesmo onde, durante alguns instantes de quietude, posso respirar fundo, perceber sua presença, tornar a respirar fundo e restaurar a mim mesmo.

Estou carregando um fardo, Senhor

Descarrega teu fardo sobre o Senhor, e Ele te sustentará.

Sl 55(54),23

Precisamos tirar os fardos do cuidar de nossos ombros, ainda que por algum tempo. Às vezes nos sentimos tão sobrecarregados que já não temos certeza se um dia nos livraremos do peso. As palavras do salmo devem nos lembrar de que a responsabilidade não é somente nossa. Deus também cuida de nossos pacientes, filhos, alunos e daqueles a quem atendemos. Deus não nos fortalece apenas, mas nos inspira a buscar o auxílio de outras pessoas e a encontrar soluções criativas para os dilemas do cuidar.

Ó Deus, o seu amor acolhedor abarca a mim e as pessoas de quem cuido. Ajude-me a confiar no seu amparo. Sei que você e eu estamos juntos nos nossos cuidados e que posso contar com a sua presença ao meu lado, compartilhando o fardo. Quando a carga ficar pesada demais para eu carregá-la sozinho, que o meu orgulho não me impeça de clamar a sua ajuda.

Quero ser um cuidador amoroso e compassivo

A maior revolução da nossa geração é a descoberta de que os seres humanos podem mudar a sua vida modificando suas atitudes mentais.

William James

Às vezes nossa mente nos mete em apuros. O que pensamos, a maneira como remoemos as ideias, nossas atitudes, tudo isso direciona nossas percepções da vida cotidiana. Quando nos sentimos usados, tratados injustamente, enfurecidos, incompreendidos ou desvalorizados por aqueles a quem prestamos assistência, nossa relutância em cuidar das pessoas cresce proporcionalmente. Enquanto nos agarrarmos a tais pensamentos e conduta, o cuidar não nos é benéfico e tampouco para nossos pacientes. Assim, todos sofrem as consequências. Felizmente, William James afirma que se mudarmos nossas atitudes somos capazes de alterar nosso comportamento. São Paulo nos diz o mesmo: "Transformai-vos, renovando vossa mentalidade" (Rm 12,2).

—⟶w⟵—

Deus, ajude-me a não esquecer nunca de que posso escolher abordar cada situação de maneira salutar. Permita-me entender que ninguém, além de mim, tem a capacidade de mudar minha mente e que tal escolha não é determinada por fatores externos e sim pelo que está em meu interior. Quero ser um cuidador amoroso e compassivo, a despeito do que alguém possa dizer ou fazer. Ajude-me a ser como desejo. Conceda-me o amparo de que preciso para cumprir essa decisão.

Criatividade, reflexão e conselhos sábios

Cabe a nós identificar nossas necessidades e então encontrar uma maneira equilibrada de atendê-las.

Melody Beattie. *The language of letting go.*

Cuidar não é uma questão de *ou um ou outro*: ou nossos pacientes, filhos, alunos e pessoas a quem atendemos obtêm o que precisam, ou somos nós que obtemos. Quando nos percebemos prestes a perder o equilíbrio, não abandonamos aqueles por quem somos responsáveis para cuidar de nós mesmos. Tampouco continuamos a trabalhar até sofrermos um colapso. Nosso desafio consiste em criar uma conjuntura de *e ambos*. Isso requer alguma criatividade, reflexão e conselhos sábios. Considere suas necessidades; anote-as. Faça uma lista de suas responsabilidades. Pondere-as, selecione-as, avalie-as, ore e planeje. Deus ajudará você.

—⁂—

Às vezes é tentador trabalhar até desmoronar, querido Deus, e então observar as atitudes alheias. No entanto, sei que essa abordagem não leva a nada. Ajude-me a ser sábio e humilde o bastante para compreender e aceitar minhas próprias necessidades, e também para pedir ajuda quando julgar preciso. Inspire-me com soluções criativas para que me seja possível exercer o meu ofício de maneira equilibrada.

Aceitar tanto a minha necessidade de descanso quanto a de cuidar

Vinde vós sozinhos para um lugar deserto e repousai um pouco.

Mc 6,31

Até Jesus se retirava durante algum tempo para descansar. Em nosso trabalho, é comum nos esquecemos de parar e refletir sobre o que estamos fazendo e o porquê. Para nos conservarmos saudáveis e estarmos completa e firmemente focados no que vamos realizar, é necessário nos afastarmos às vezes. Precisamos repousar e nutrir nosso espírito. Quando tiramos esse tempo como um ato genuíno de amor-próprio, somos capazes de manter o rumo certo na nossa jornada em direção à plenitude e, no processo, nos tornarmos cuidadores melhores.

—∞—

Deus Santo, presente no meu repouso e no meu labor, ajude-me a manter o equilíbrio na minha vida. Conceda-me discernimento para que eu possa compreender e aceitar tanto a minha necessidade de descanso quanto a de cuidar. Ambos são partes essenciais da minha jornada. No exercício do meu ofício, que eu me entregue por inteiro e com amor e, no meu repouso, que me trate com esta mesma atenção e amor. Se quando exausto me sentir culpado, não me deixe esquecer as palavras de Jesus: "Vinde e repousai um pouco".

Compreender meus limites

Ter limites não complica a vida; limites a simplificam.
Melody Beattie. *The language of letting go.*

Alguns de nossos problemas no cuidar aparecem quando deixamos de estar cientes do que podemos fazer, daquilo que se acha sob nossa responsabilidade e do que nos é possível controlar. Imbuídos das melhores intenções, acabamos enredados nas situações e perdemos não só a capacidade de manter uma perspectiva sadia, como a percepção de quem somos e de quem nossos pacientes são. Ninguém é beneficiado quando isso acontece. Uma reflexão periódica sobre nossos limites nos fornece uma orientação útil quando as demandas surgem de todos os lados.

Sei que você me ama e cuida de mim, meu Deus, e que também me concede a liberdade de tomar decisões. Ajude-me a perceber que, embora você permeie minha existência de maneiras que estão além do meu conhecimento e consciência, o seu desejo é que eu e os outros sejamos nós mesmos. Ajude-me a me ater a uma percepção salutar de mim mesmo e de meus limites. E permita que os outros – a despeito de suas dificuldades – façam o mesmo.

Conhecer meu tempo

*Para manter uma lamparina acesa é preciso
sempre pôr óleo.*

Santa Teresa de Calcutá

Esperamos ser capazes de cuidar dos outros como se fôssemos um poço sem fundo de energia. A verdade é que, embora Deus nos conceda energia abundante, precisamos saber acessar essa energia por meio da reflexão e da oração. Nosso corpo também carece de cuidados proporcionados por exercícios físicos, sono e refeições saudáveis. Servimos com a mente, o coração e o corpo. É necessário encontrarmos os nossos próprios meios de reabastecer o óleo da nossa lamparina.

—⁕—

Lembre-me, Deus da luz, que quando dou de mim mesmo, você está sempre pronto para restaurar minhas reservas. Mas preciso de algum tempo e preciso estar aberto para receber aquilo que você me oferta. Permita-me reconhecer sua plena presença tanto em meus momentos de renovação quanto nos de serviço. Ajude-me a encontrá-lo em ambas as realidades.

Sou vibrante em Deus

Levanto os olhos para os montes: de onde me virá o socorro? O meu socorro vem do Senhor, que fez o céu e a terra.

Sl 121(120),1-2

Cuidar exige um alto grau de energia, física e emocional. Esse costuma ser um trabalho árduo, esgotante. Não temos um suprimento ilimitado de energia; assim, cada um de nós precisa descobrir em qual fonte beber para restaurar o próprio vigor.

O esgotamento acontece quando um organismo despende mais energia do que armazena. Refletimos sobre as maneiras de repor nossa energia e as incorporamos em nossa vida? O salmista falou sobre "levantar os olhos para os montes" em busca de auxílio.

O que nos restaura? Refugiar-nos num lugar silencioso, meditação, relaxamento, atividades ao ar livre, leitura, exercícios físicos, oração, expressão criativa? Ou uma mistura de oportunidades variadas?

Querido Deus, quando me desgasto sem que consiga repor minhas forças, acabo não ajudando ninguém. Sei o que me nutre e me restaura. Obrigado por essas dádivas e que a elas eu possa recorrer sem hesitar. Reconheço ter muito mais a oferecer quando me sinto vibrante e cheio de vida do que quando esgotado. Louvado seja você, meu Deus.

Refugiar-se na presença de Deus

Às vezes ando por aí sentindo pena de mim mesmo,
quando, o tempo todo, estou sendo carregado pelos céus por
ventos poderosos.

Ojibway – Adaptado por Robert Bly em
News of the Universe.

Quando enfrentamos períodos difíceis e nos sentimos aprisionados em ambientes solitários, quão fácil é resvalarmos na autocomiseração e tristeza, aturdidos por desejos melancólicos de que as coisas pudessem ser diferentes. Se ao menos não tivéssemos que... Se ao menos as pessoas demonstrassem gratidão... Se ao menos pudéssemos... Faria alguma diferença se soubéssemos estar enxergando apenas um ângulo da situação e não o todo?

—⚘—

Ó Deus de mistério, ajude-me a enxergar além dos problemas e superar a autocomiseração. Abrase minha imaginação e meu coração com o seu Espírito, inflame minha alma. Em algum lugar, bem no fundo de mim mesmo, pulsa a percepção – ainda que seja uma suspeita diminuta – de que existe sempre algo mais. Talvez, se eu simplesmente me refugiar naquele lugar silencioso ao seu lado, Deus, serei capaz de descobrir aquilo que já sei.

AGRADECIMENTOS

Citações das p. 23, 26, 29, 40, 44, 54, 67 e 91: KORNFIELD, J. *A path with heart: a guide through the perils and promises of spiritual life*. Nova York: Bantam Books, 1993, p. 332, 322, 338-339, 338, 332, 333, 338 e 315, respectivamente. Copyright © 1993 de Jack Kornfield. Todos os direitos reservados. Usado com permissão da Bantam Books, uma divisão do Bantam Doubleday Dell Publishing Group.

Material parafraseado da p. 26: KAZANTZAKIS, N. *Saint Francis*. Nova York: Simon and Schuster, 1962, p. 89. Copyright © 1962 de Simon e Schuster. Todos os direitos reservados.

Citações das p. 31, 50, 51, 61, 81, 95, 108, 129 e 131: WELWOOD, J. *Awakening the heart: East/West approaches to psychotherapy and the healing relationship*. Boulder, CO: Shambhala Publications, 1983, p. ix, 61, ix, viii, 126, 96, 85-86, 97 e 83, respectivamente. Copyright © 1983 de John Welwood. Todos os direitos reservados. Reproduzido por acordo com Shambhala Publications, 300 Massachusetts Avenue. Boston, MA 02115.

Citações das p. 33, 64, 93, 98, 118 e 126: ROHR, R. *Radical grace: daily meditations by Richard Rohr*. Editado por John Bookser Feister. Cincinnati, OH: Saint Anthony Messenger Press, 1993, p. 384, 321, 94, 321, 81 e 380, respectivamente. Copyright © 1993 de Richard Rohr e John Bookser Feister. Todos os direitos reservados. Usado com permissão.

Citações das p. 34, 45, 63, 68, 70, 73, 76, 89, 105, 109 e 136: DE MELLO, A. *Awareness: a De Mello spiri-*

tuality conference in his own words. Nova York: Doubleday, 1990, p. 27, 87, 88, 111, 28, 132, 88, 61, 79, 147 e 35, respectivamente. Copyright © 1990 de Center for Spiritual Exchange. Todos os direitos reservados. Usado com permissão.

Citações das p. 36, 42, 59, 65, 75 e 88: BOULAD, H. *All is grace: God and the mystery of time*. Nova York: Crossroad, 1991, p. 19, 31, 46, 46, 82 e 26-27, respectivamente. Copyright © 1988 de Herold Druck- und Verlagsgesellschaft. Tradução em inglês com copyright © 1991 da Crossroad Publishing Company. Todos os direitos reservados. Usado com permissão.

Citação da p. 38: BACH, R. *Illusions: the adventures of a reluctant Messiah*. Nova York: Dell, 1977, p. 159. Copyright © 1977 de Creature Enterprises. Todos os direitos reservados.

Citação de Santo Agostinho, p. 39; citação de C.G. Jung, p. 97; citação de Virginia Satir, p. 132; e citação de Madre Teresa, p. 146: CAMPBELL, E. (ed.). *A Dancing Star: Inspirations to Guide and Heal*. Londres: HarperCollins/Aquarian Press, 1991. Copyright © 1991 de HarperCollins Publishers. Todos os direitos reservados.

Citações das p. 56, 80 e 92: KABAT-ZINN, J. *Wherever you go, there you are: mindfulness meditation in everyday life*. Nova York: Hyperion, 1994, p. 162, 163-164 e 30, respectivamente. Copyright © 1994 de Jon Kabat-Zinn. Todos os direitos reservados.

Citações das p. 74 e 139: CARLSON, R.; SHIELD, B. (eds.). *Healers on healing*. Prefácio de W. Brugh Joy. Los Angeles: Jeremy P. Tarcher, 1989, p. 91-92 e 128. Copyright © 1989 de W. Brugh Joy. Todos os direitos reservados.

Citações das p. 77, 94 e 135: BERENDS, P.B. *Coming to life: traveling the spiritual path in everyday life*. São Francisco: Harper and Row, 1990, p. 8, 177, 48 e

44, respectivamente. Copyright © 1990 de Polly Berrien Berends. Todos os direitos reservados. Reproduzido com permissão de HarperCollins Publishers.

Citação da p. 79: MOYERS, B. *Healing and the mind.* Nova York: Doubleday, 1993, p. 319. Copyright © 1993 de Public Affairs Television e David Grubin Productions. Todos os direitos reservados.

Citações das p. 82, 140, 143 e 145: BEATTIE, M. *The language of letting go: daily meditations for codependents.* São Francisco: Harper and Row, 1990, p. 97, 161, 365 e 168, respectivamente. Copyright © 1990 de Hazelden Foundation. Todos os direitos reservados.

Citação de Santa Teresa de Ávila, p. 112: DELANEY, John J. (ed.). *Saints for all seasons.* Garden City, Nova York: Doubleday, 1978, p. 128. Copyright © 1978 de John J. Delaney. Todos os direitos reservados.

Citações das p. 123 e 134: ESTÉS, C.P. *Women who run with the wolfes: mythes and stories of the wild woman archetype.* Nova York: Ballantine Books, 1992, p. 163 e 158. Copyright © 1992 de Clarissa Pinkola Estés. Todos os direitos reservados.

Citação da p. 130: JANOFF-BULMAN, R. *Shattered assumptions: towards a new psychology of trauma.* Nova York: Macmillan/Free Press, 1992, p. 162. Copyright © 1992 de Ronnie Janoff-Bulman. Todos os direitos reservados.

Citação de William James, p. 142: FERGUSON, M. *The aquarian conspiracy: personal and social transformation in the 1980s.* Los Angeles: J.P. Tarcher, 1980, p. 48. Copyright © 1980 de Marilyn Ferguson. Todos os direitos reservados.

Citação da p. 148: *News of the universe: poems of twofold consciousness.* Escolhida e apresentada por Robert Bly. São Francisco: Sierra Club Books, 1980, p. 249. Copyright © 1980 de Robert Bly. Todos os direitos reservados.

Conecte-se conosco:

f facebook.com/editoravozes

◉ @editoravozes

🐦 @editora_vozes

▶ youtube.com/editoravozes

🟢 +55 24 2233-9033

www.vozes.com.br

Conheça nossas lojas:

www.livrariavozes.com.br

Belo Horizonte – Brasília – Campinas – Cuiabá – Curitiba
Fortaleza – Juiz de Fora – Petrópolis – Recife – São Paulo

EDITORA VOZES LTDA.
Rua Frei Luís, 100 – Centro – Cep 25689-900 – Petrópolis, RJ
Tel.: (24) 2233-9000 – E-mail: vendas@vozes.com.br